Jenny Mosley/Helen Sonnet

101 Spiele für ein positives Lernklima

Ein Praxisbuch für die Grundschule

Persen Verlag GmbH

Dieser Band ist bereits unter dem Titel „101 Games For Better Behaviour" im
Verlag LDA 2006 erschienen. © Jenny Mosley und Helen Sonnet

Gedruckt auf umweltbewusst gefertigtem, chlorfrei gebleichtem
und alterungsbeständigem Papier. Nach den seit 2006 amtlich gültigen
Regelungen der Rechtschreibung.

2. Auflage 2008
© by Persen Verlag GmbH, Buxtehude
Alle Rechte vorbehalten.

Grafik: Jenniffer Spry
Satz: Hartwig Holthusen, holthusenmedien@aol.com

ISBN 978-3-8344-3734-1

www.persen.de

Inhalt

Einführung

Jeder hat sich schon einmal in Situationen befunden, in denen er Unruhe, Angst oder richtige Wut spürte. Meistens war uns dabei bewusst, dass diese schwierigen Gefühle hauptsächlich als Reaktion auf etwas außerhalb unserer Person Liegendes entstanden sind. Erwachsene haben gelernt, wie wesentlich es ist, solche verstörenden Gefühle unter Kontrolle zu bekommen, und haben genügend Lebenserfahrung, um die Ursache ihrer Unruhe zu erkennen und hoffentlich geeignete Distanzierungsmaßnahmen zu ergreifen. Dazu sind Fähigkeiten erforderlich, die Kinder erst noch erlernen müssen. Ihre Erfahrung mit Gefühlen unterscheidet sich von unserer, und zwar in der Hinsicht, dass sie viel eher instinktiv reagieren und von der überwältigenden Wirkung ihrer Gefühle überrascht werden können.

Dieses Buch zeigt Ihnen, wie Sie bei den Kindern auf unterhaltsame Art Verhaltenskompetenzen entwickeln, indem Sie ihre Aufmerksamkeit mit fesselnden interaktiven Spielen und Übungen gewinnen. Einige Spiele fördern schwerpunktmäßig die Fähigkeit, Gefühle auszudrücken, das heißt, sie helfen den Kindern, durch die Ausbildung wirksamer Fähigkeiten für das Zuhören und Denken ihre eigenen Gefühle und die anderer zu erkennen und zu steuern und zu akzeptieren, dass wir alle verschieden sind. Andere Spiele helfen den Kindern, den Unterschied zwischen äußerer und innerer Stärke zu verstehen und zu lernen, wie sie in ihren Aktionen und Reaktionen unabhängiger und selbstbestimmter werden können. In besonderen Kapiteln sind Spiele zusammengefasst, die eine Gruppe beruhigen oder positive Betätigungsmöglichkeiten für überschüssige Energien anbieten, beides wichtige Aspekte für die Steuerung unseres Verhaltens.

Die Schüler[1] wollen von Ihnen gefordert und beansprucht werden – zwei Begriffe, die in gewisser Weise mit Druck und Stress zu tun haben. Die Schüler sollen lernen, als Teil einer Gruppe zu kooperieren und mit Begeisterung ihr Bestes zu geben. Mit anderen Worten: Es ist Teil Ihrer Aufgabe, die Kinder in ihrem Lernprozess zu motivieren und zu ermutigen.

---

[1] Aus Gründen der besseren Lesbarkeit beschränken wir uns in allen Texten auf die männliche Form. Selbstverständlich sind alle Schülerinnen, Lehrerinnen usw. immer mit eingeschlossen.

Ein anderer Teil Ihrer Aufgabe besteht darin, dafür zu sorgen, dass sie sich alle sicher und zuversichtlich fühlen. Ein guter Unterricht hält die Waage zwischen diesen beiden Zielen. Erreichen können Sie sie nur, wenn Sie als Spielleiter ein Gemeinschaftsgefühl und eine positive, fördernde Atmosphäre herstellen, in der harte Arbeit stattfindet, aber in der sich jedes Kind auch respektiert fühlt und in der die Möglichkeit zu Kummer sehr gering gehalten wird. Sie sollten wachsam sein und die Kinder beruhigen, bevor ihre Anspannung oder Angst in Streit oder Tränen übergeht.

Dieses Buch zeigt Ihnen, wie Sie eine starke Gemeinschaft aufbauen, in der das Lernen mit einem herzlichen Willkommensgruß beginnt und in der jeden Tag angenehme Momente eingeplant werden, damit Sie und Ihre Schüler sich entspannen und neue Kraft schöpfen können. Die Spiele in diesem Buch bestärken die Kinder in der Erkenntnis, dass eine echte Zusammenarbeit ihre Anstrengungen effektiver machen und ihre Leistungen verbessern kann. Andere Spiele helfen beim Aufbau einer guten Gruppendynamik durch Aktivitäten, die Kinder dazu anregen, sich auf vergnügliche Art und Weise besser kennen zu lernen. Dadurch werden die Entwicklung von Loyalität gefördert und Gruppenzusammenhalt sowie -stärke wirksam hergestellt und somit eine Toleranz, die jede Uneinigkeit abfängt, die sonst zu Spannungen führen könnte.

Die Spiele weisen ein unterschiedliches Tempo auf - einige sind schnell und aufregend, andere ruhig und nachdenklich. Sie können das Spiel auswählen, das gerade den besonderen Bedürfnissen entspricht. Alle Spiele wurden erfolgreich ausprobiert und getestet. Sie können sich diejenigen notieren, die den Schülern besonders gefallen, um schnell auf sie zurückgreifen zu können, ist empfehlenswert.

Sie können entweder das Buch »durchspielen« und dabei mit der Klasse die thematischen Abschnitte im Einzelnen erkunden oder nach Spielen suchen, die einen speziellen Zweck erfüllen. Gleich, welche Möglichkeit Sie wählen, wir wünschen Ihnen viel Freude dabei. Genießen Sie und Ihre Schüler die Gesellschaft der anderen und profitieren Sie von einer zufriedeneren und emotional bewussteren Gruppe mit besserem Benehmen.

Willkommen in unserer Gruppe

Besseres Benehmen lässt sich unter anderem dadurch fördern, dass zu Beginn einer Spielstunde eine Gruppe zielgerichtet zusammengeführt wird, um das Zugehörigkeitsgefühl ihrer Mitglieder zu stärken. Das kann zu Beginn des Schultags, vormittags oder nachmittags oder vor einer bestimmten Unterrichtsstunde, einem Spielkreis oder einer Gruppenarbeit geschehen. Wenn die Kinder an einer Aktivität teilnehmen, in der sich jeder angenommen fühlen kann, hilft ihnen das, sich selbst positiv zu sehen und weniger Angst vor anstehenden Herausforderungen zu empfinden.

Ein kurzes Willkommensritual kostet wenig Zeit und zahlt sich aus, weil sich jedes Kind als Teil einer Gruppe fühlen kann, die zum Lernen zusammengekommen ist. Für manche Kinder wird dieser Willkommensgruß sogar noch mehr Bedeutung haben, weil er ihnen Raum gibt, innezuhalten, nachzudenken und ihre Sorgen vor der Tür abzulegen, während sie sich voll auf alle interessanten Aktivitäten konzentrieren, die Sie an jenem Tag für sie bereithalten.

Alle Spiele in diesem Abschnitt befassen sich mit Begrüßungen, die die Freude über die Zusammenkunft an einem Ort fördern, an dem jeder als Teil eines Teams arbeitet und keiner ausgegrenzt wird.

Tolle Begrüßungen

Ein einfaches Spiel für den Anfang, in dem jedes Kind willkommen geheißen wird.

 Spielmaterial

Eine Aufzählung von Begrüßungsformen, die mit den Schülern zusammengestellt wurde, auf Flipchart oder an der Tafel. Sie kann vor dem Spiel fertig gestellt und wieder verwendet sowie ergänzt werden.

 Spielverlauf

Alle Spieler stehen im Kreis, ihre Stühle hinter sich. Hängen Sie das Blatt mit den Begrüßungsformen auf. Dazu könnten Folgende gehören:

- ❏ *Handschlag*
- ❏ *Handschütteln*
- ❏ *indischer Gruß (tiefe Verbeugung, rechte Handinnenfläche auf der Stirn)*
- ❏ *Wangentätscheln*
- ❏ *Umarmung*
- ❏ *Schulterklopfen*
- ❏ *hoch gehobene rechte Hand, Innenfläche nach vorn*
- ❏ *gefaltete Hände und leichte Verbeugung*

Bestimmen Sie, wer das Spiel beginnen soll. Der erste Spieler durchquert den Kreis und begrüßt einen Mitspieler. Wenn diese Begrüßung eine Antwort erfordert, soll sie vom Begrüßten gegeben werden. Nach der Begrüßung sagt der Grüßer »Hallo/Grüß dich/Guten Tag,…« und den Namen des Mitspielers, der in gleicher Weise antwortet. Nun kehrt der erste Spieler an seinen Platz zurück und setzt sich. Der zweite geht zu einem dritten und begrüßt diesen. Das Spiel läuft weiter, bis sich alle Spieler hingesetzt haben. Der letzte beendet das Spiel mit den Worten: »Hallo/Grüß euch/Guten Tag, alle zusammen!«

 Bemerkungen

Das Spiel funktioniert am besten, wenn gängige Grußformen statt selbst ausgedachter verwendet werden. Behalten Sie im Hinterkopf, dass einige Kinder aus persönlichen oder kulturellen Gründen Schwierigkeiten mit Begrüßungen haben könnten, die mit Berührungen verbunden sind. Wenn keine Stühle zur Verfügung stehen, können sich die Kinder auch auf den Boden setzen.

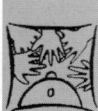

Das Zaubersäckchen

Dieses Spiel vertreibt alle Schläfrigkeit, weil dabei jedes Kind hellwach und auf dem Sprung sein muss. Es bezieht alle Gruppenmitglieder mit ein und gewinnt ihre Aufmerksamkeit.

 ## Spielmaterial

Ein Spielsäckchen.

 ## Spielverlauf

Fordern Sie alle Spieler auf, sich im Kreis aufzustellen. Suchen Sie ein Kind aus, das sich mit dem Spielsäckchen in die Kreismitte stellen soll. Dieses Kind wirft das Spielsäckchen einem Mitspieler im Kreis zu, begrüßt ihn und nennt seinen Namen. Der zweite Spieler fängt es auf und wirft es zum ersten Spieler zurück, wobei es ihn auf die gleiche Art begrüßt. Jedes Kind sollte während des Spiels einmal das Spielsäckchen zugeworfen bekommen. Das Kind in der Mitte kann die Form der Begrüßung bei jedem Mitspieler variieren, der Begrüßte soll jedes Mal den Gruß genauso zurückgeben. Die Grüße können »Hallo«, »Grüß dich«, »Guten Morgen« oder »Guten Tag« lauten. Aber auch Grußformeln in anderen Sprachen können erkundet und verwendet werden, ob nun jemand unter Ihren Schülern diese Sprachen spricht oder nicht.

 ## Bemerkungen

Jeder Spieler kann sich setzen, sobald er das Spielsäckchen zur Mitte zurückgeworfen hat, und Sie können den Spieler in der Mitte auffordern, nur noch mit stehenden Mitspielern weiterzumachen. Diese Aktivität können Sie auch am Ende einer Stunde wiederholen, wobei sich die Kinder dann voneinander verabschieden.

Betonen Sie, dass das Spielsäckchen gezielt und locker zu jedem Empfänger geworfen werden soll. Sie können auch anmerken, dass es keine Rolle spielt, wenn ein Kind das Spielsäckchen fallen lässt. Wenn Sie glauben, dass das Zuwerfen eines Spielsäckchens für Ihre Gruppe zu schwierig sein könnte, dann nehmen Sie stattdessen einen großen Ball, den sich die Spieler zurollen können.

Wir beginnen mit einem Lied

Dieses Begrüßungsspiel verlangt Konzentration und ungeteilte Aufmerksamkeit. Es hilft, die Kinder auf den kommenden Unterricht vorzubereiten.

 ## Spielmaterial

Keine Materialien notwendig.

 ## Spielverlauf

Rufen Sie die Schüler in einen Kreis zusammen. Singen Sie ihnen ein Begrüßungslied vor, in dem alle Schülernamen und eine Begrüßung vorkommen. Es könnte folgenden Text haben:

> *Jakob ging in die Schule, ging heute Morgen*
> *in die Schule.*
> *Jakob und Jasmin gingen*
> *in die Schule, gingen heute Morgen in die Schule.*

Nehmen Sie zunächst den Namen eines beliebigen Gruppenmitglieds. In der zweiten Zeile fügen Sie den Namen seines linken Sitznachbarn an. Fahren Sie so fort, bis Sie alle Kinder im Kreis genannt haben und rufen Sie nach dem letzten Namen: »Guten Morgen/Hallo usw., alle zusammen!«

 ## Bemerkungen

Probieren Sie zusammen mit den Schülern verschiedene bekannte Melodien aus und passen die Namen ein. Versuchen Sie es einmal mit »Danke für diesen guten Morgen« oder »Wer will fleißige Handwerker sehn«. Einige Lieder sind ganz schön kniffelig, wenn man die Worte in die Melodie einfügen will. Üben Sie die Melodien vorher selbst.

Ich kenne dich und du kennst mich

Dieses Begrüßungsspiel betont, was die Spieler gemeinsam haben, und stärkt den Gruppenzusammenhalt.

 Spielmaterial

Keine Materialien notwendig.

 Spielverlauf

Alle Spieler sollen einen Kreis bilden. Rufen Sie nun verschiedene Kategorien aus, zum Beispiel:

> ❏ *Alle, die einen Bruder haben.*
> ❏ *Alle, die schwarze Haare haben.*
> ❏ *Alle, die Hunde gern haben.*
> ❏ *Alle, die gern Gedichte lesen.*

Jeder, der sich der angesprochenen Kategorie zugehörig fühlt, stellt sich in die Mitte des Kreises und begrüßt verbal bis zu drei andere Spieler, die sich ebenfalls in der Mitte befinden. Sie können etwa »Hallo«, »Grüß dich«, »Guten Morgen« oder »Guten Tag« zusammen mit dem Namen des begrüßten Mitspielers sagen. Dann kehren alle an ihren Platz zurück und eine neue Kategorie wird ausgerufen.

Wenn die Schüler mit diesem Spiel vertraut geworden sind, können sie selbst einige Kategorien beisteuern.

 Bemerkungen

Dieses Spiel ist besonders sinnvoll vor einer Aktivität, in der die Gemeinsamkeiten und Unterschiede der Gruppenmitglieder untersucht werden sollen. Wenn Sie die Kategorien sorgfältig auswählen, können Sie schon Gesprächsstoff für die Aktivität vorgeben. Wenn Sie mit den Schülern einen Klassen- oder Gruppennamen festlegen, wie etwa »Die bruchfeste Bande«; werden dadurch Gemeinsamkeiten und Unterschiede und die Notwendigkeit von Toleranz beleuchtet.

Grußlied

Dieser einfache Singsang ist ein sehr wirksames Eröffnungsritual für den Tagesanfang oder für jede nachfolgende Unterrichtsstunde.

 ## Spielmaterial

Keine Materialien notwendig.

 ## Spielverlauf

Die Kinder stehen in einem Kreis. Wählen Sie einen Spieler aus, der das Lied beginnen soll. Erklären Sie, dass Sie zunächst die erste Liedzeile mit dem Namen dieses Spielers aufsagen werden und dass alle danach einmal in die Hände klatschen sollen. Danach setzen Sie sich. Das begrüßte Kind wiederholt die Liedzeile und setzt dabei den Namen eines anderen Spielers ein, worauf wieder alle klatschen.

> *Gruppenleiter:* »Klatscht einmal für Lisa, dann ist der Nächste dran«.
> (Alle klatschen.)
> *Lisa:* »Klatscht einmal für Lukas, dann ist der Nächste dran«. (Alle klatschen.)
> *Lukas:* »Klatscht einmal für Celina, dann ist der Nächste dran«.
> (Alle klatschen.)
> *Letzter Spieler:* »Klatscht einmal für uns alle«.

Jeder Spieler, der seine Zeile aufgesagt hat, setzt sich auf den Boden.

 ## Bemerkungen

Ziel des Spiels ist, die Spielhandlung immer am Laufen zu halten. Fordern Sie die Kinder auf, den nächsten Spieler schnell zu nennen, damit der Singsang nicht unterbrochen wird.

Als Spielvariante können die Kinder so oft klatschen, wie der Name des aufgerufenen Spielers Silben hat.

Mixmax

Das ist ein gutes Spiel für neue Gruppen oder für den Anfang einer Stunde mit einer schon bestehenden Gruppe.

 ## Spielmaterial

Ein Tamburin.

 ## Spielverlauf

Die Kinder gehen in der Raummitte hin und her. Wenn Sie das Tamburin schlagen, bleibt jeder stehen und begrüßt den ihm Nächststehenden. Wenn die Gruppe schon länger besteht, begrüßen sich alle namentlich. Wenn sich die Gruppenmitglieder noch nicht kennen, stellen sie sich gleichzeitig mit dem Gruß einander vor. Die folgende Grußformel kann dazu dienen:

>»Hallo/Guten Tag, ich heiße …«

Wenn sie mit der Begrüßung fertig sind, vermischen sie sich wieder. Lassen Sie mehrere Durchgänge machen.

 ## Bemerkungen

Ermuntern Sie die Kinder dazu, jedes Mal einen anderen Mitspieler zu begrüßen. Um das Aufeinandertreffen interessanter zu gestalten, können sich die Kinder jedes Mal nach der Begrüßung ihre Lieblingsspeise mitteilen. Sie können aber auch für jede Begegnung das Thema abwandeln, z.B. andere Lieblingsdinge nennen lassen, und auf diese Weise das Interesse der Schüler aufrechterhalten. Eine andere Möglichkeit ist, lebhafte Musik abzuspielen, während die Spieler herumgehen. Wenn die Musik verstummt, begrüßen sich dann alle.

Der Dreh mit dem Gruß

Dieses Spiel verleiht der Begrüßung Schwung.

 Spielmaterial

Keine Materialien notwendig.

 Spielverlauf

Teilen Sie die Schüler in zwei gleich große Gruppen auf. Eine Gruppe bildet einen Kreis mit Blickrichtung nach außen; die zweite einen Kreis um den ersten Kreis, mit Blickrichtung nach innen. Der äußere Kreis soll sich langsam im Uhrzeigersinn drehen. Während ein Kind im äußeren Kreis an einem anderen im Innenkreis vorbeigeht, geben sich beide die Hand und begrüßen sich. Das Spiel geht so lange weiter, bis jedes Kind aus dem Außenkreis jedes im Innenkreis begrüßt hat.

 Bemerkungen

Wenn Ihnen bekannt ist, dass sich einige Kinder aus der Gruppe bei dieser Gelegenheit weigern könnten, einander die Hand zu geben, dann achten Sie darauf, dass sie derselben Gruppe zugeteilt werden; so kommen sie nicht in Kontakt miteinander.

Sie können auch die Begrüßungsformen variieren, um für Abwechslung zu sorgen oder Kindern entgegenzukommen, die aus kulturellen oder religiösen Gründen Schwierigkeiten mit einer derartigen Berührung haben. Hier sind einige andere Begrüßungsweisen:

- ❏ *indischer Gruß (tiefe Verbeugung, rechte Handinnenfläche auf der Stirn)*
- ❏ *Verbeugung*
- ❏ *leichtes Händeklatschen*
- ❏ *erhobene rechte Hand, Innenfläche nach vorn*
- ❏ *gefaltete Hände, leichte Verbeugung*

Sobald die Schüler mit dem Spiel vertraut sind, können sie der Begrüßung noch eine Information über die eigene Person hinzufügen. Sie können vor dem Spiel eine Kategorie (z.B. Lieblingstier) vorschlagen. Wenn Sie die Vorgabe weit fassen, kann jedes Kind während einer Spielrunde verschiedene Dinge sagen. Rufen Sie abschließend einige Freiwillige auf, die eine Information über ein anderes Kind der Gruppe wiederholen sollen.

Ballgrüße

Das ist eine vergnügliche Art der Begrüßung in einer etablierten Gruppe.

 ## Spielmaterial

Ein großer leichter Springball, gut aufgeblasen.

 ## Spielverlauf

Teilen Sie die Schüler in zwei gleich große Gruppen ein, die sich in zwei parallelen Reihen mit einem oder zwei Metern Abstand gegenüberstehen, je nach ihren Ballkünsten und dem verfügbaren Platz. Ein Kind an einem Reihenende lässt den Ball so aufspringen, dass ihn das ihm gegenüberstehende Kind in der anderen Reihe fangen kann. Vorher sagt es noch »Hallo/Grüß dich…« und den Namen des Ballfängers. Dieser Fänger lässt den Ball zum Reihennachbarn des ersten Spielers springen und spricht wieder vorher die Begrüßungsformel. Dieses Zickzackmuster wird bis zum letzten Kind in einer Reihe eingehalten.

 ## Bemerkungen

Wenn die Spieler gut mit dem Ball umgehen können oder wenn sie selbstsicherer werden, können Sie ein weiteres Spaßelement einführen: Verbinden Sie jeweils verschiedene Begrüßungsarten mit unterschiedlichen Ballwurftechniken, z.B.:

- ❐ »Hallo, …« entspricht: den Ball ein Mal aufprallen lassen.
- ❐ »Einen schönen Tag noch« entspricht: den Ball zwei Mal aufprallen lassen.
- ❐ »Guten Tag« entspricht: den Ball von der Brusthöhe aus werfen.
- ❐ »Schön, dich zu treffen« entspricht: den Ball unter dem Arm durchwerfen.

Auf diese Weise müssen sich die Kinder auf die vorhergehende Begrüßung konzentrieren, um zu wissen, wie sie den Ball entgegennehmen sollen. Sie können auch einige Grüße in fremden Sprachen einführen, ob diese nun von einigen Ihrer Schüler gesprochen werden oder nicht. Jüngere Kinder können sich gegenübersitzen und den Ball gegenseitig zurollen.

Weitere Aktivitäten

Offizieller Begrüßer

Suchen Sie verschiedene Schüler aus, die vor dem Unterricht ihre eintretenden Mitschüler offiziell begrüßen. Sie können ihnen einen vorbereiteten Text geben, z.B. »Heute bin ich der offizielle Morgengrüßer der Klasse (Gruppe). Ich begrüße euch alle in der Klasse und wünsche euch einen guten Morgen.«

Ein Händedruck hier, ein Lächeln dort

Die Kinder stehen im Kreis und geben einander im Uhrzeigersinn die Hand. Dann lächeln sie in umgekehrter Richtung einander zu.

Insektengruß

Diese Begrüßungsart macht vor allem jüngeren Kindern Freude. Jeder Spieler hält seine Zeigefinger zu beiden Seiten des Kopfes hoch, um Insektenfühler darzustellen. Alle gehen im Raum umher, winken zur Begrüßung mit den Fingern und sagen »Hallo/Grüß dich …«.

Grußslalom

Teilen Sie die Kinder in zwei gleich große Mannschaften ein. Jedes Team bildet eine Reihe, jeder Spieler schaut nach vorn. Der erste Spieler jeder Reihe sollte an einer Markierung auf dem Fußboden stehen. Die Spieler hinter ihm verteilen sich gleichmäßig, so dass regelmäßige Abstände zwischen ihnen entstehen. Auf das Kommando »Los!« dreht sich der erste Spieler um und läuft zwischen den Mitspielern seiner Reihe slalomartig durch. Vor jedem Mitglied seiner Mannschaft bleibt er stehen und schüttelt ihm die Hand. Am Ende der Reihe angelangt, nimmt er den letzten Platz mit dem üblichen Abstand zum Vordermann ein. Die ganze Reihe rückt nun weiter vor bis zum Markierungspunkt. Dann dreht sich der erste Spieler um und ein neuer Durchgang beginnt. Das geht so lange, bis jedes Teammitglied an der Reihe war. Sieger ist die Mannschaft, die zuerst fertig ist.

Gefühle ausdrücken können

Die Weiterentwicklung der Fähigkeit, Gefühle auszudrücken, ist ein wichtiger Faktor für die Förderung besseren Verhaltens bei den Schülern. Gefühle bestimmen alle unsere Erfahrungen und sind eng verbunden mit der Stärke unserer Motivation und unserem Glauben an die eigene Lern- und Erfolgsfähigkeit.

Einige Kinder sind nicht sehr geschickt darin, die Gefühle anderer richtig zu deuten. Sie können Gesichtsausdruck und Körperhaltung anscheinend nicht mit den dazugehörigen Emotionen in Verbindung bringen. Diese Tatsache kann zu Schwierigkeiten und Konfrontationen führen. Dieser Abschnitt beinhaltet Spiele, in denen es um den eigenen Gesichtsausdruck und den der anderen geht, und die in vorgegebenen Situationen vorkommende Gefühle erkunden.

Das Gesicht passt

Dieses Spiel dreht sich hauptsächlich um den Gesichtsausdruck.

 ## Spielmaterial

Ein Flipchart, ein Markierstift, einige Klebepunkte[1] und eine, möglichst vergrößerte, Kopie der auf Seite 130 abgebildeten Gesichter. Schneiden Sie die einzelnen Rahmen der Kopie aus. Die dargestellten Gefühle sind: glücklich, traurig, aufgeregt, wütend, überrascht, beunruhigt, verängstigt und eifersüchtig.

 ## Spielverlauf

Schreiben Sie die Gefühlsbezeichnungen auf das Flipchart. Bilden Sie mit den Schülern einen Sitzkreis und zeigen Sie ihnen die Begriffe. Halten Sie als nächstes die ausgeschnittenen Gesichter hoch, eins nach dem anderen, und legen Sie diese in der Mitte des Kreises auf dem Boden ab. Deuten Sie auf eine der Gefühlsbezeichnungen und fragen Sie die Schüler, welches Gesicht dazu passt. Besprechen Sie mit den Schülern, welches Gesicht warum diesem Begriff entspricht und bitten Sie dann einen Freiwilligen, es bei dem genannten Wort auf dem Flipchart zu befestigen. Um zu untersuchen, wie der gesamte Körper auf ein bestimmtes Gefühl reagiert, können Sie den aufgerufenen Schüler auffordern, das besprochene Gefühl mit seinen Körperbewegungen darzustellen.

Lassen Sie Freiwillige heimlich einen Gesichtsausdruck vom Flipchart wählen, den sie dann vorspielen sollen. Die übrige Klasse soll erraten, um welches Gefühl es sich handelt. Das kann auch als Partnerspiel innerhalb des Kreises gespielt werden.

 ## Bemerkungen

Abschließend können Sie die Schüler noch auffordern, die Gesichter auf dem Flipchart sorgfältig zu betrachten. Suchen Sie eine der Gemütsbewegungen aus. Die Schüler sollen sich ansehen und dabei den passenden Gesichtsausdruck zur Schau tragen. Spielen Sie das auch mit anderen Gefühlsbezeichnungen auf dem Flipchart durch. Fragen Sie die Schüler, welche Gesichtszüge ihnen helfen, das entsprechende Gefühl zu erkennen. Wenn sie festgestellt haben, dass der Mund und die Augen am eindringlichsten wirken, lassen Sie die Schüler beschreiben, wie diese Gesichtszüge die Gefühle ausdrücken.

---

[1] Anstelle von Flipchart, Markierstift und Klebepunkten können auch eine Tafel, Kreide und Magneten verwendet werden.

Wie würdest du dich fühlen?

Dieses Spiel ermuntert die Kinder, sich gründlich darüber Gedanken zu machen, welche Gefühle mit vorgegebenen Situationen häufig einhergehen.

 ## Spielmaterial

Pro Gruppe jeweils eine Kopie der Aufzählung von Situationen auf Seite 131 und der auf Seite 130 abgebildeten Gesichter. Wenn Sie die Bilder mit den Gesichtern vor dem Ausschneiden laminieren, können Sie sie immer wieder verwenden.

 ## Spielverlauf

Teilen Sie die Kinder in Zweier- bis Vierergruppen ein, je nach der Größe der Klasse.
Jede Gruppe erhält einen Satz Gesichter. Lesen Sie dann eine der Aussagen von der Kopie Seite 131 vor und fordern Sie die Gruppen auf zu besprechen, welcher Gesichtsausdruck ihrer Vermutung nach am ehesten die Gefühle widerspiegelt, die jemand in der angegebenen Situation durchleben könnte. Nachdem sich die Gruppen darüber geeinigt haben, sollen sie das Bild mit dem von ihnen gewählten Gesichtsausdruck hochhalten und erläutern, welches Gefühl er wider-spiegelt. Anschließend lesen Sie die Aussage auf der Kopie noch einmal vor.

 ## Bemerkungen

Betonen Sie, dass dasjenige Gefühl genannt werden sollte, das nach Ansicht einer Gruppe am ehesten mit der fraglichen Situation in Verbindung gebracht werden kann. Es kann sein, dass die Gruppen verschiedene Bilder hochhalten.

In einigen Gruppen könnte es problematisch sein, sich zu einigen. Erklären Sie deshalb, dass bei fehlender Einstimmigkeit abgestimmt werden soll. Wenn von den Gruppen unterschiedliche Karten für eine bestimmte Situation gewählt werden, dann sprechen Sie mit der Klasse darüber, dass Menschen auf Situationen unterschiedlich reagieren können, es aber trotzdem nützlich ist, sich ganz allgemein klarzumachen, wie ihre Reaktion wahrscheinlich aussehen wird. Erläutern Sie auch, dass man manchmal eine Reihe von Gefühlen erlebt und dass eins vom anderen abgelöst werden kann - wenn zum Beispiel Verlegenheit in Ärger umschlägt.

Beschreibende Gefühle

Dieses Spiel hilft den Kindern, Gefühle zu erkennen.

 ## Spielmaterial

Ein Flipchart, ein Markierstift[1], Papier, Bleistifte und Buntstifte oder Filzstifte.

 ## Spielverlauf

Sprechen Sie mit den Schülern über gegensätzliche Gefühle, z. B.:

- ❏ *glücklich/traurig*
- ❏ *aufgeregt/ruhig*
- ❏ *besorgt/zuversichtlich*

- ❏ *ängstlich/mutig*
- ❏ *einsam/anerkannt*

Notieren Sie die Begriffe auf dem Flipchart. Teilen Sie die Kinder in Gruppen von bis zu vier Mitgliedern ein, je nach der Größe Ihrer Klasse oder Ausgangsgruppe. Geben Sie an jedes Kind Papier und Stifte aus. Jeder soll nun eins der niedergeschriebenen Gefühle auswählen und es zeichnerisch in Form eines Musters, einer Farbe oder einer Form (oder einer Kombination aus diesen dreien) darstellen. Es spielt keine Rolle, ob Mitglieder der gleichen Gruppe das gleiche Gefühl aussuchen. Die Kinder sollen gut darüber nachdenken, welche ähnlichen Gefühle ihnen dazu einfallen, und das Ergebnis in Farbe und Form ihres Bildes einfließen lassen. Wenn alle fertig sind, sollen sie ihre Bilder hochhalten und, während Sie herumgehen, nacheinander erzählen, welches Gefühl sie mit ihrem Bild darstellen wollten. Versuchen Sie, Zeit einzuplanen für einen Vergleich der künstlerischen Arbeiten in den Gruppen und damit jedes Kind die Gelegenheit hat zu sagen, wie es sein Bild hergestellt hat.

 ## Bemerkungen

Ermuntern Sie die Schüler, beschreibende Wörter zu verwenden, wenn sie erklären, wie ihr Bild zustande gekommen ist. Ärger und Wut können beispielsweise hart, stachlig und rot sein; Einsamkeit könnte grau, klein und brüchig sein. Vielleicht möchten Sie gern Malrunden durchführen, in denen Sie einer Gruppe ein Gefühl zum Erforschen vorgeben, um zu vermeiden, dass einige übersehen werden.

---

[1] Anstelle von Flipchart und Markierstift können auch eine Tafel und Kreide verwendet werden.

Körpersprache

Dieses Spiel hilft den Kindern dabei zu lernen, wie man den Gemütszustand einer anderen Person anhand ihrer Bewegungen und ihres Verhaltens deutet.

 ## Spielmaterial

Keine Materialien notwendig.

 ## Spielverlauf

Die Kinder sollen sich vorstellen, sie wären richtig glücklich, und sich dann eine kurze Pantomime überlegen, um darzustellen, was sie so glücklich machen würde (z. B. das Auspacken eines Geschenks oder das Verspeisen ihres Lieblingsgerichts). Jeder Schüler soll seine Pantomime den anderen vorführen. Rufen Sie Freiwillige auf, die raten möchten, was die gezeigte Pantomime darstellen könnte. Bilden Sie als Nächstes Partnergruppen und fordern Sie sie auf, sich gemeinsam eine Pantomime wie vorhin auszudenken und sie dann paarweise aufzuführen. Die anderen versuchen jeweils zu erraten, was dargestellt wird. Teilen Sie die Schüler schließlich in größere Gruppen von bis zu sechs Mitgliedern ein, je nach der Größe der Klasse oder Ausgangsgruppe. Jede Gruppe soll ein stehendes Bild gestalten, in dem eine Aktivität dargestellt wird, die alle begeistert (z. B. ein Schwungtuchspiel oder eine Geburtstagsfeier). Nach dem Einüben zeigt jede Gruppe ihr Bild, die übrigen Kinder versuchen zu erraten, was damit gemeint ist. Besprechen Sie jeweils immer, inwieweit der Gesichtsausdruck und die Körpersprache der Kinder einen klaren Hinweis auf ihren Gemütszustand vermittelt.

 ## Bemerkungen

Wenn Sie meinen, dass sich die Schüler nur schwer darauf einigen können, was in Paaren oder Gruppen dargestellt werden soll, können Sie zuerst Ideen sammeln lassen und sie auf einen Flipchart notieren und die Partner bzw. Gruppen dann einen der Vorschläge auswählen lassen.

Mit diesem Spiel lassen sich kompliziertere Gefühle wie Wut, Trauer und Angst erkunden. Dazu ist allerdings ein feinfühliges Vorgehen erforderlich, und es sollten eher schulische Ereignisse angesprochen werden, verbunden mit einer Diskussion darüber, wie man die erwähnten Situationen ändern könnte.

Gefühlstiere

Dieses Spiel macht den Kindern begreiflich, dass sich Gefühle auf ganz verschiedene Weise metaphorisch ausdrücken lassen.

 ## Spielmaterial

Ein Flipchart und ein Markierstift[1]. Eine Aufzählung von Gefühlsbezeichnungen auf dem Flipchart, wie etwa *wütend, traurig, einsam, glücklich, gespannt, verängstigt* und *stolz*. Außerdem eine Auswahl von Tierbildern. (Sie sind zwar nicht unbedingt notwendig, aber geben praktische Anhaltspunkte. Die Bilder können aus alten Tierzeitschriften ausgeschnitten oder aus dem Internet heruntergeladen sein oder in Büchern aus der Schul- oder Gemeindebücherei zur Verfügung stehen.)

 ## Spielverlauf

Schreiben Sie eine Aufzählung von Gefühlsbegriffen, die von den Schülern genannt werden, auf das Flipchart. Nehmen Sie einen dieser Begriffe als Beispiel und wählen Sie dazu ein Tier (aus den vorbereiteten Bildern, falls Sie welche haben), das Ihrer Ansicht nach zur Gefühlsbezeichnung passt; z.B. *mutig* wie ein Löwe. Wenn Sie eine vorgefertigte Tierauswahl haben, könnte es sein, dass sich zu einem Gefühlswort einmal kein Tier von Ihren Beispielen zuordnen lässt, helfen Sie dann den Kindern, sich ein anderes einfallen zu lassen. Fordern Sie die Schüler auf, auch andere Tiere, von denen keine Bilder vorhanden sind, zu nennen, wenn sie sie für passend halten. Schreiben Sie dann den Tiernamen auf das Flipchart. Der Schüler, der ein bestimmtes Tier vorgeschlagen hat, soll eine Begründung dafür liefern. Gehen Sie auf diese Weise alle Begriffe auf der Gefühlsliste durch. Jüngere Schüler spielen möglicherweise gern die Tiere vor, die sie vorschlagen wollen, und die anderen versuchen, sie zu erraten.

 ## Bemerkungen

Dieses Spiel lässt sich mit anderen Kategorien wiederholen, etwa Essen, Wetter oder Farben.

---

[1] Anstelle eines Flipcharts und eines Markierstiftes können auch eine Tafel und Kreide verwendet werden.

Eigentlich ist das nicht lustig

Dieses Spiel lenkt die Aufmerksamkeit der Kinder auf das gefühlsmäßige Ergebnis bestimmter Verhaltensweisen.

Spielmaterial

Eine vergrößerte Kopie von Seite 132.

Spielverlauf

Fordern Sie die Schüler auf zu beschreiben, was sich in der gezeigten Szene abspielt. Lassen Sie sie erklären, wie sich jedes Kind auf dem Bild wohl fühlt. Vielleicht gehen einige Gruppen mit ihrer Analyse unter die oberflächlich erkennbaren Gefühle und reden über die tieferen Empfindungen des Kindes, das dem anderen ein Bein stellt, oder die Angespanntheit der Zuschauer. Das Gespräch sollte sich am Anti-Gewalt-Programm Ihrer Schule orientieren. Beachten Sie auch das Spiel auf Seite 25.

Lassen Sie die Kinder über Gelegenheiten nachdenken, an denen sie unabsichtlich unfreundlich waren. Woran haben sie gemerkt, dass jemand aufgebracht war? Bei diesem Gespräch sollte herauskommen, dass man seine Handlungen im Voraus bedenken sollte, indem man sich vorzustellen versucht, wie man sich in der Rolle des anderen fühlen würde. Sie können auch eine Diskussion »auf dem heißen Stuhl« daraus machen. Wählen Sie dazu eine Situation aus dem vorhergehenden Klassengespräch aus. Fragen Sie, welche Schüler die Rollen vorspielen wollen. Die anderen befragen die Spieler nach ihren Handlungen und Gefühlen. Sie können vorher Regeln zur fairen Behandlung der Person auf dem »heißen Stuhl« festlegen und erklären, dass die Spieler der Figur treu bleiben sollen, die sie darstellen. Bei dieser Spielvariante sollten Sie die Kinder am Ende aus dem Rollenspiel lösen, indem Sie das Spiel positiv ausklingen lassen. Versammeln Sie alle Schüler in einem Kreis und lassen Sie ein Händeschütteln und ein Lächeln durchgehen.

Bemerkungen

Lassen Sie die Kinder darüber nachdenken, wann sie sich einmal verlegen gefühlt haben. Was hätte ihrem Wunsch nach geschehen sollen, um die Situation erträglicher zu machen?

Über Gefühle nachdenken

Dieses Spiel regt die Einsicht der Kinder an, dass die Qualität unserer zwischenmenschlichen Beziehungen unser Wohlergehen beeinflusst.

 Spielmaterial

Eine vergrößerte Kopie von Seite 133.

 Spielverlauf

Die Schüler sollen die dargestellte Szene beschreiben und Vermutungen äußern, wie sich jedes Kind dabei fühlt. Vermutlich taucht in den Kommentaren das Wort »Schikane« auf und Sie wollen klarstellen, wie diese Erscheinung an Ihrer Schule definiert wird. Eine mögliche Definition von »Schikane« lautet:

- ❏ Sie geschehen wiederholt, vorsätzlich oder anhaltend.
- ❏ Sie werden von einer Einzelperson oder Gruppe absichtlich verletzend ausgeführt.
- ❏ Sie gehen mit einem Ungleichgewicht an Macht einher und lassen das Opfer schutzlos zurück.

Die anfänglichen Kommentare zu der schikanierenden Person in dieser Szene drehen sich vielleicht hauptsächlich darum, dass sie mit dem Ergebnis ihrer Handlungen zufrieden ist. Sie können der Klasse dabei helfen, über andere Möglichkeiten nachzudenken, etwa, dass der Schikanierer so reagiert, weil er einsam oder frustriert ist oder selbst schikaniert wird. Sie könnten dazu auch einen »heißen Stuhl« einrichten: Einige Schüler melden sich, um die Rollen der Szene zu übernehmen und stellen sich dann den Fragen ihrer Mitschüler. Sie können vorher Regeln zur fairen Behandlung der Person auf dem heißen Stuhl festlegen und erklären, dass die Spieler der Figur treu bleiben sollen, die sie darstellen. Hinter dem Spieler auf dem heißen Stuhl können einige Mitschüler stehen, um ihn beim Antworten zu unterstützen. Lösen Sie die Kinder mit einem positiven Spiel aus ihren Rollen, indem Sie z. B. eine Welle oder eine Verbeugung durchgehen lassen.

 Bemerkungen

Fördern Sie die Erkenntnis bei den Schülern, dass Schikanen auch für den Schikanierer schädlich sind, weil sie bei ihm Gefühle wie Einfühlungsvermögen und Mitgefühl zerstören.

Was könntest du da tun?

Dieses Spiel wird in Paaren gespielt. Die Partner arbeiten zusammen, um verantwortungsvolle und einfühlsame Reaktionen auf bestimmte Situationen zu erwägen.

 ## Spielmaterial

Für jedes Paar eine Kopie von Seite 134.

 ## Spielverlauf

Teilen Sie die Schüler in Zweiergruppen ein und geben Sie jeder Gruppe eine Kopie von Seite 134, auf der vier Szenen zu sehen sind. Kündigen Sie an, die Partner hätten zehn Minuten Zeit, um die Szenen zu betrachten und sich auszudenken, was sie Hilfreiches sagen oder tun könnten, um die Situation zu erleichtern. Sagen Sie ihnen, sie sollten nur realistische Vorschläge machen und Reaktionen vermeiden, durch die sich die Lage zuspitzen könnte. Versammeln Sie nach zehn Minuten alle Schüler in einem Kreis und besprechen Sie nacheinander die Situationen. Sammeln Sie Vorschläge von einigen Partnergruppen. Dabei können Sie von Zeit zu Zeit eine Pause einlegen, um mit den Schülern über mögliche Ergebnisse der vorgeschlagenen Maßnahmen zu sprechen und vielleicht einen Plan zu fassen, wie man die Situation zurechtrücken könnte, bevor Sie zur nächsten Szene übergehen.

Anschließend könnten Sie die Paare zu Vierer- bis Sechsergruppen zusammenfassen, je nach der Größe der Klasse oder Ausgangsgruppe. Weisen Sie jeder Gruppe eine der erörterten Szenen zu und lassen Sie sie die vereinbarten Maßnahmen im Rollenspiel darstellen, um ihre erfolgreiche Anwendung zu demonstrieren. Bilden Sie nach zehn Minuten wieder einen Kreis und lassen Sie verschiedene Gruppen ihre Szenen vorspielen.

 ## Bemerkungen

Es wäre klug, die Zusammensetzung der Partnergruppen gut zu überdenken, um sicherzustellen, dass Kinder, die unangemessene Reaktionen vorschlagen könnten, Partner mit einem positiven Einfluss bekommen.

Fröhlich oder traurig?

Dieses Spiel lässt zwischen den Spielpartnern einen Sinn für Zusammenarbeit entstehen, während sie über ihre Reaktionen auf verschiedene Situationen sprechen.

 Spielmaterial

Jede Zweiergruppe benötigt ein kleines Schnur- oder Wollknäuel.

 Spielverlauf

Teilen Sie die Schüler in leistungsgemischte Zweiergruppen ein und geben Sie jeder Gruppe ein Schnur- oder Wollknäuel. Die Kinder sollen sich an Situationen erinnern, in denen sie traurig waren - zum Beispiel, wenn ihnen ein Spielzeug kaputtging, sie Streit mit ihrem Freund hatten oder etwas Unrechtes getan hatten. Die Partner erzählen sich abwechselnd diese traurigen Vorkommnisse. Der erste Erzähler hält das Schnur- oder Ballknäuel in der Hand. Während er spricht, gibt er es an seinen Partner weiter, behält aber das Ende in der Hand. Nun erzählt der Partner seine Situation und gibt dabei das Knäuel wieder zurück, hält aber eine Schlinge in der Hand fest. Die Schnur bzw. Wolle bildet nach einigem Hin und Her ein Netz.

Nach ein paar traurigen Gedanken kommen fröhliche an die Reihe. Der Spieler, der gerade das Knäuel in der Hand hat, fängt an. Während er das Knäuel zurückgibt, wickelt er ein Stück Schnur oder Wolle wieder zurück. Der Austausch über fröhliche Situationen setzt sich so lange fort, bis die gesamte Schnur oder Wolle wieder ganz aufgewickelt ist. Sobald alle Knäuel aufgerollt sind, versammeln Sie die ganze Gruppe und lassen jedes Kind eine fröhliche Situation erzählen, die es von seinem Partner gehört hat.

 Bemerkungen

Sprechen Sie mit den Kindern über Wörter, die fröhliche/traurige Situationen beschreiben. Zu fröhlichen Situationen gehören Wörter wie: *angenehm, spannend, liebevoll, sorgsam, freundlich* und so weiter. Zu traurigen Situationen passen Wörter wie *düster, grimmig, unglücklich, ärgerlich* und so weiter.

Emoti-vieren

Das ist ein Partnerspiel zur Erkundung verschiedener Formen des Gesichtsausdrucks.

 Spielmaterial

Für jedes Paar eine Kopie von Seite 135 und einen Bleistift.

 Spielverlauf

Teilen Sie die Schüler in leistungsgemischte Zweiergruppen ein und geben Sie jeder Gruppe eine Kopie von Seite 135 und einen Bleistift. Jede Gruppe hat zehn Minuten Zeit, um sich die Kopie anzusehen und den Kindern auf dem Bild die unten stehenden Gefühlsbezeichnungen zuzuordnen. Dabei sollen die Partner konstruktiv ihre Ansichten austauschen und zu einer einvernehmlichen Entscheidung kommen. Rufen Sie nach zehn Minuten alle Zweiergruppen in einen Kreis zusammen, in dem sie über ihre Entscheidungen miteinander sprechen. Das kann so aussehen, dass zwei Partner eine Zuordnung vortragen und fragen, wer die gleiche Wahl getroffen hat. Das wird durch Aufzeigen mit der Hand kundgetan. Wenn sich einige Paare anders entschieden haben, kann sich daraus ein interessantes Gespräch über ihre Gründe dafür ergeben.

 Bemerkungen

Fragen Sie die Schüler, welche Gefühle für sie am schwersten ablesbar waren und warum.

Gefühle verbinden

Das ist ein Spiel für kleine Gruppen, das den Kindern hilft, typische Unterrichtssituationen zu erkennen, die positive oder negative Gefühle hervorrufen können.

 Spielmaterial

Ein Schnurknäuel, Papier und Stifte.

 Spielverlauf

Teilen Sie die Schüler in Vierer- oder Fünfergruppen ein, je nach der Größe der Klasse oder Ausgangsgruppe, und geben Sie jeder Gruppe Papier und einen Stift. Ernennen Sie für jede Gruppe einen Schriftführer und einen Sprecher. Teilen Sie den Gruppen mit, sie hätten zehn Minuten, um sich Unterrichtssituationen ins Gedächtnis zu rufen, die ihnen ein gutes Gefühl geben; zum Beispiel, wenn sie für eine gute Leistung oder gutes Betragen gelobt werden, eine Schulstunde interessant finden, und so weiter. Die Schriftführer der Gruppen notieren die Nennungen. Rufen Sie alle Schüler nach zehn Minuten in einen Stehkreis zusammen, um die Notizen zu vergleichen. Achten Sie darauf, dass die Gruppen zusammenbleiben.

Jeder Gruppensprecher soll nun die Gruppenergebnisse vorstellen. Markieren Sie mit der Schnur eine Linie am Fußboden und bezeichnen Sie das eine Ende mit »Ich stimme zu«, das andere mit »Ich stimme nicht zu«. Während jede Gruppe ihre Vorschläge nennt, stellen sich die übrigen Schüler an einer Stelle der Schnur auf, die angibt, wie sie zur erwähnten Situation stehen. Zum Beispiel können Schulaufführungen, die einen Schüler begeistern, den anderen abschrecken. Anschließend sollen sich die Gruppen erneut formieren und in gleicher Weise zusammenarbeiten, dieses Mal aber Situationen sammeln, die negative Gefühle in ihnen hervorrufen - wenn sie ungerechtfertigt ausgeschimpft werden, ein Mitschüler gemein zu ihnen ist und so weiter. Rufen Sie nach zehn Minuten wieder alle Schüler zusammen und gehen Sie vor wie oben beschrieben.

 Bemerkungen

Fragen Sie die Schüler, ob sich ihre Gespräche auf ihre Stimmung ausgewirkt haben – hat das Reden über positive Situationen ihre Laune gehoben? So können Sie mit den Schülern zusammen untersuchen, wie unsere Gedanken und Worte unsere Gefühle beeinflussen können.

Weitere Aktivitäten

Rollenspiele

Lassen Sie die Schüler mit Rollenspielen arbeiten, die mit starken Gefühlen verbunden sind: zum Beispiel, wenn ein Kind mit einem Elternteil über die Schlafengehenszeit streitet oder wenn ein Kind für die Teilnahme an einem Talentwettbewerb im Fernsehen ausgewählt wird. Szenarien wie diese können in Gruppenarbeit untersucht werden, wobei verschiedene Figuren unterschiedliche Gefühle durchleben. Ihre Handlungen und Reaktionen können in anschließenden Diskussionen geklärt werden.

Handsignale

Das ist eine vergnügliche Aktivität für kleine Gruppen. Die Schüler überlegen sich zunächst verschiedenartige Handsignale, die bestimmte Gefühle ausdrücken – zum Beispiel **wütend, traurig, fröhlich, erschrocken** und so weiter. Die Kinder sollen versuchen, die Handsignale mit der Stimmung in Einklang zu bringen, die ein bestimmtes Gefühl in ihnen erzeugt. Die Gruppen stellen sich gegenseitig ihre Handsignale vor.

Drehscheiben

Basteln Sie aus Tonpapier sechseckige Drehscheiben. Als Schablone kann ein Sechseck aus Plastik dienen. Seien Sie vorsichtig, wenn Sie einen Bleistift in der Mitte durchstechen, am besten nehmen Sie eine Kugel aus Modellierton als Unterlage. Fordern Sie nun die Schüler auf, jeden Drehscheibenabschnitt mit einem anderen Gefühlsbegriff zu beschriften. Beim Spielen mit der Drehscheibe sollen sie sich eine Situation ausdenken, die das angezeigte Gefühl verursachen kann.

Gemeinsamkeiten und Unterschiede

Wenn sich Kinder einer Gruppe wirklich zugehörig fühlen, werden sie sich wahrscheinlich seltener so verhalten, dass sie die Gruppe befremden. Dieser Abschnitt enthält Spiele, in denen gleichzeitig die Einzigartigkeit des Individuums wie auch menschliche Gemeinsamkeiten und die Vorteile der Einbeziehung anderer in die Gruppe beleuchtet werden.

So bin ich

Dieses Spiel stellt die Einzigartigkeit des Individuums heraus, obgleich einige Antworten der Kinder sich decken können.

 ## Spielmaterial

Eine Kopie von Seite 136 und einen Bleistift für jeden Schüler. Wenn einigen Schülern das Schreiben schwerfällt, führen Sie das Spiel am besten nur dann durch, wenn eine erwachsene Hilfsperson zur Verfügung steht.

 ## Spielverlauf

Geben Sie jedem Kind eine Kopie von Seite 136 und setzen Sie genügend Zeit zum Ausfüllen des Fragebogens an. Rufen Sie alle Schüler in einen Kreis zusammen, sobald die Antworten vollständig vorliegen, sei es noch in dieser Spielstunde oder erst in einer späteren, und lassen Sie sie das Geschriebene vergleichen. Sie können es so gestalten, dass jeder Satz nacheinander vom ganzen Kreis beantwortet wird. Fangen Sie in jeder Runde mit einem anderen Spieler an. Geben Sie den Schülern Impulse, sodass sie untersuchen können, wie unsere Gemeinsamkeiten und Unterschiede uns alle einzigartig und wertvoll machen.

 ## Bemerkungen

Hängen Sie die ausgefüllten Blätter zusammen mit Selbstporträts der Schüler an der Wand aus. Sie können aber auch jedes Kind mit einer Digitalkamera fotografieren und die Ausdrucke mit aufhängen.

Wie handlich!

Dieses Spiel befasst sich sowohl mit den Gemeinsamkeiten wie auch den Unterschieden zwischen Menschen.

 ## Spielmaterial

Zwei oder drei Stempelkissen und genügend Papier, Scheren und Bleistifte für alle Schüler.

 ## Spielverlauf

Alle Schüler zeichnen die Umrisse ihrer Hände nach und schneiden sie aus. Dann setzen sie mit Hilfe von Stempelkissen ihre Finger- und Daumenabdrücke auf die entsprechenden Stellen der Ausschnitte. Nach der Verwendung der Stempelkissen werden sie wohl ihre Hände abwischen müssen. Lassen Sie jedes Kind die Muster seiner Abdrücke mit denen einiger Mitschüler vergleichen. Dann sollen sie die Handinnenflächen mit ihrem Namen und drei Tätigkeiten, zu denen sie ihre Hände brauchen, beschriften: zum Beispiel schreiben, einen Ball fangen, ein Buch halten, ein Computerspiel spielen. Versammeln Sie die Kinder im Kreis und legen Sie die ausgeschnittenen Handumrisse in die Mitte auf den Boden. Bitten Sie einen Freiwilligen, ein beliebiges Papier aufzuheben und den Kommentar darauf, mit Ausnahme des Namens, vorzulesen. Die restlichen Schüler sollen raten, wessen Hand das ist. Wiederholen Sie das Ganze mehrmals mit anderen Spielern.

 ## Bemerkungen

Sprechen Sie mit den Kindern über die gemeinsamen Merkmale ihrer Hände – nämlich, dass sie alle ihre Hände gebrauchen, um bestimmte Aufgaben auszuführen und dass alle Hände aus Knochen, Haut, Muskeln, Nerven und so weiter bestehen. Erklären Sie ihnen, dass ein Fingerabdruck ein ganz einzigartiges Zeichen einer Person ist – jeder sieht verschieden aus und gehört nur zu einer Person. Das zeigt, wie unverwechselbar und besonders jeder von uns ist.

Drei Völker

Das ist ein vergnügliches Spiel, in dem es hauptsächlich um die Vorzüge einer in sich geschlossenen Gruppe geht.

 ## Spielmaterial

Die Geschichte auf Seite 137 (eventuell eine Kopie).

 ## Spielverlauf

Bilden Sie mit den Schülern einen Sitzkreis. Lesen Sie ihnen nun die Geschichte von den drei Völkern (Seite 137) vor. Teilen Sie anschließend die Kinder in die drei Stämme ein: Kind 1a ist ein *Buja*, 2a ist ein *Larmi*, 3a ein *Wigell* usw. Lesen Sie dann die Geschichte erneut vor. Jedes Mal, wenn ein Spieler den Namen seines Volks hört, muss er aufstehen. Beim dritten Vorlesen kommt zum Aufstehen noch dazu, dass die Kinder mit einem anderen Mitglied ihres Volks den Platz wechseln.

 ## Bemerkungen

Sprechen Sie mit den Kindern darüber, wie irreführend der erste Eindruck sein kann, und dass man sich auf eine Reihe angenehmer Überraschungen gefasst machen kann, wenn man sich die Zeit nimmt, eine andere Person ganz kennenzulernen. Vielleicht gibt es auch in Ihrer Klasse Gruppen von Kindern, die vom Ausgang der Geschichte etwas lernen könnten. Darauf werden sie kommen, wenn Sie mit ihnen erörtern, was den Bujas und Larmis alles entgangen wäre, wenn sich nicht die Wigells eingeschaltet hätten.

Die Bräuche der Völker

Dieses Spiel entwickelt das Thema von den drei Völkern (Seite 34) dadurch weiter, dass es eine spezifische Gruppenidentität aufbauen hilft.

 ## Spielmaterial

Papier, Bleistifte und Buntstifte.

 ## Spielverlauf

Erinnern Sie die Schüler an das Spiel zu den drei Völkern (Seite 34). Eventuell können Sie die Geschichte von Seite 137 noch einmal vorlesen. Die Kinder sollen sich wieder zu den drei Volksgruppen *Bujas*, *Larmis* und *Wigells* zusammenfinden wie im oben genannten Spiel. Jede Gruppe erhält Papier und mehrere Bleistifte. Ernennen Sie in jeder Gruppe einen Sprecher, einen Künstler und einen Schriftführer. Geben Sie den Gruppen zehn Minuten, um sich zu entscheiden, wie ihre Mitglieder aussehen sollen - Kostüme, Haartracht und so weiter. Danach können die Künstler damit beginnen, ein Mitglied ihres Volks zu zeichnen. Währenddessen denken sich die übrigen Mitglieder Wörter in «ihrer» Sprache für *Mädchen*, *Junge*, *Schule*, *Abendessen* und *Tag* aus.

Dann sollen die Gruppen die Mahlzeiten beschreiben, die sie an einem Volksfest verspeisen würden. Der Schriftführer notiert das mit. Rufen Sie die Gruppen nach zehn Minuten in einen Kreis zusammen, um über die Ergebnisse zu sprechen. Jeder Sprecher einer Volksgruppe soll den anderen Gruppen vortragen, was seine Gruppe beschlossen hat, und jeder Künstler soll seine Zeichnung eines Volksangehörigen vorzeigen. Halten Sie Ausschau nach gemeinsamen Merkmalen, für die sich die Gruppen entschieden haben. Fragen Sie, welche Faktoren ihre Wahl beeinflusst haben.

 ## Bemerkungen

Wenn es bei irgendwelchen Punkten Uneinigkeit gibt, müssen die Gruppen demokratisch abstimmen, um einen Streit zu vermeiden. Es kann sich günstig auswirken, diese Regel schon vor Beginn der Aktivität einzuführen, so dass schon eine Regelung besteht, auf die alle festgelegt sind.

Personenraten

Ein gutes Spiel, um die Besonderheit jedes Kindes herauszustellen.

 ## Spielmaterial

Ein Blatt Papier und ein Bleistift.

 ## Spielverlauf

Versammeln Sie die Kinder im Kreis. Rufen Sie einen Spieler auf. Er soll an einen anderen Mitschüler denken und dessen Namen so auf einen Zettel schreiben, dass ihn niemand sieht. Dazu kann er den Kreis kurz verlassen. Diese Spielregel verhindert, dass der Spieler später vergisst, wen er sich ausgesucht hat oder dass er später einen anderen Namen nimmt. Den Namenszettel erhalten Sie. Auf diese Weise bekommen Sie eine Vorstellung davon, wie dieses Kind die folgenden Fragen beantworten sollte.

Die anderen Spieler sollen sich nun Fragen an den ersten Spieler zu der zu erratenden Person ausdenken. Es sollen Entscheidungsfragen sein, zum Beispiel: »Ist die Person ein Mädchen?«, »Hat die Person blondes Haar?«, »Trägt die Person blaue Socken?« Es können aber auch spezifischere Fragen sein, wie etwa: »Hat die Person einen Bruder in der vierten Klasse?« oder »Spielt die Person in der Fußball-Schulmannschaft mit?« Sie können vorher mit den Schülern eine bestimmte Höchstzahl von Fragen vereinbaren, nach denen die Person geraten werden muss.

Jeder, der eine Frage stellen will, soll sich melden. Entweder Sie oder das Kind, das sich die Person ausgedacht hat, rufen die Mitspieler auf. Wenn die Person erraten wurde, kann eine neue Runde mit einem anderen Spieler beginnen.

 ## Bemerkungen

Empfehlen Sie den Kindern, die Person, die sie sich ausgesucht haben, niemals direkt anzublicken, sonst könnten sie sich verraten. Besprechen Sie abschließend, dass jeder Mensch mit seinen besonderen Merkmalen ganz einzigartig ist, obwohl wir alle vieles gemeinsam haben.

Körperteile

Dieses Spiel behandelt die Möglichkeit, seine Vorstellungen gewinnbringend mit anderen zu teilen.

 Spielmaterial

Keine Materialien notwendig.

 Spielverlauf

Bilden Sie einen Sitzkreis mit den Schülern und fordern Sie sie auf, sich einen Körperteil zu denken, den sie gern mögen und sich den Grund dafür zu überlegen (z. B. die Beine, weil sie gut damit laufen können oder das Gehirn, weil sie gut damit denken können). Die folgende Aussage sollen sie im Kopf vervollständigen:

Ich mag mein(e)…, weil…

Bestimmen Sie, welches Kind mit dieser Aussage die Runde anfangen soll. Die Spieler könnten einen Wettbewerb veranstalten, bei dem einzelne für verschiedene Körperteile stehen und verkünden, warum sie die besten sind. Ein Beispiel dafür:

»Ich spiele die Beine. Ich bin am wichtigsten, weil ihr ohne mich nirgendwohin kommen würdet. Ich kann euch tragen wohin ihr wollt und vor Gefahren retten. Mit mir könnt ihr viele Sportarten betreiben. Wählt mich . . . «

Nachdem alle ihre Wahlreden gehalten haben, stimmen die Gruppenmitglieder über den besten Körperteil ab. Beachten Sie bei dieser Aktivität die Bedürfnisse der Kinder in Ihrer Gruppe.

 Bemerkungen

Besprechen Sie mit den Schülern, dass einige Kinder den gleichen Körperteil aus den gleichen oder aus unterschiedlichen Gründen wählen können. Sie können gemeinsam untersuchen, wie Menschen ihre Vorstellungen austauschen und wie eine geteilte Vision ihnen hilft, besser miteinander auszukommen. Mit dieser Methode können Sie auch einen Verhaltenskodex für die Gruppe aufstellen oder den bestehenden wiederholen lassen.

Gemeinsamkeiten und Unterschiede

Satzpartner suchen

Dieses Spiel dreht sich darum, seine Mittel zusammenzulegen, um effektiver zu werden.

 ## Spielmaterial

Eine Kopie von Seite 138, die einzelnen Rahmen ausgeschnitten. Um das Blatt haltbarer zu machen, können Sie es vor dem Ausschneiden laminieren. Bevor Sie mit dem Zerschneiden anfangen, sollten Sie bestimmen, wie viele Sätze Sie für diese Aktivität benötigen. Die Anzahl hängt davon ab, wie viele Partnergruppen Sie haben werden. Vielleicht brauchen Sie nicht alle, vielleicht müssen Sie aber auch die Seite nochmals kopieren.

 ## Spielverlauf

Erklären Sie den Kindern, dass jedes von ihnen einen halben Satz bekommen wird und dass sie ihre Satzhälften lesen sollen. Leseschwächeren Schülern können Sie dabei helfen oder erlauben, dass sie sich von einem Freund helfen lassen. Dann versucht jeder Spieler, den Mitspieler zu finden, der die andere Satzhälfte hat. Wenn sie glauben, ihn gefunden zu haben, müssen beide versuchen, ihre Satzhälften zu einem sinnvollen Satz zu kombinieren. Rufen Sie die Kinder nach einigen Minuten in einen Kreis zusammen. Eventuell gibt es einige, die keinen Partner gefunden haben. Setzen Sie diese Kinder in Ihre Nähe. Lassen Sie die Spieler nun ihre Teilsätze vorlesen. Die Partner lesen den Satz vor, den sie aus ihren Hälften gebildet haben. Falls manche Sätze nicht richtig klingen, fordern Sie die Schüler auf, eine bessere Satzhälfte zu finden. Das ist vermutlich mit einigem Partnertausch verbunden, auch mit den Kindern, die bis jetzt noch keine passende Ergänzung gefunden hatten. Erläutern Sie, dass Menschen manchmal effektiver sind, wenn sie ihre Kräfte und Fähigkeiten bündeln. Fragen Sie die Schüler nach Beispielen für diese Aussagen, wie etwa: ein Komponist und ein Musiker - einer erschafft die Musik, die der andere zum Leben erweckt.

 ## Bemerkungen

Sie können das Spiel nochmals spielen lassen und dieses Mal zum Spielziel erklären, Sätze zusammenzustellen, die möglichst verdreht klingen.

Wer ist untergetaucht?

Dieses Spiel die Einzigartigkeit jedes Kindes.

 ## Spielmaterial

Ein großes Tuch oder ein Bettlaken, ein CD-Spieler und eine CD mit lebhafter Musik.

 ## Spielverlauf

Spielen Sie ein Musikstück ab, zu dem es sich tanzen lässt. Kündigen Sie an, dass sich jeder Spieler auf den Boden kauern und die Augen schließen soll, sobald die Musik aufhört. Breiten Sie das Tuch über eins der Kinder. Sagen Sie nun den anderen, sie sollen aufstehen und die Augen öffnen. Fordern Sie sie auf, dem Spieler unter dem Tuch Fragen zu stellen, um seine Identität erraten zu können. Diese Fragen können sich gezielt auf die Person beziehen (z. B.»Trägst du eine Brille?«) oder ganz allgemein gehalten sein, nur um seine Stimme zu hören. Das verdeckte Kind darf seine Stimme verstellen, um seine Entdeckung hinauszuzögern.

 ## Bemerkungen

Fragen Sie die Spieler, wie sie die Identität ihres Mitspielers erraten konnten. Haben sie eher die Stimme erkannt oder haben ihnen die Antworten auf ihre Fragen mehr geholfen?

Einer von uns

Dieses Spiel stärkt die Vorstellung, dass jede Person, obwohl sie etwas Besonderes ist, doch mit anderen etwas gemeinsam hat und dass sie bestimmten Gruppen angehört.

 ## Spielmaterial

Keine Materialien notwendig.

 ## Spielverlauf

Bilden Sie einen Sitzkreis. Rufen Sie eine Kategorie und eine Anweisung aus – zum Beispiel:

❐ *Alle Spieler mit einer Schwester stehen auf, drehen sich um sich selbst und setzen sich wieder.*

❐ *Alle Spieler mit zwei Brüdern tauschen den Platz.*

❐ *Alle Spieler mit einem Hasen als Haustier hüpfen zweimal auf und ab.*

❐ *Alle Spieler mit Locken schütteln ihrem linken Nachbarn die Hand.*

❐ *Alle Spieler, die gern Mohrrüben essen, laufen außen um den Kreis herum und setzen sich wieder.*

Sprechen Sie anschließend mit den Schülern darüber, dass sie vermutlich mehrere Male mit anderen Kindern zusammen zur gleichen Kategorie gehört haben, obwohl sie alle einzigartig sind. Führen Sie ein Gespräch über die verschiedenen Gruppen, denen sie in ihrem Leben angehören könnten – zum Beispiel Vereinen, religiösen Gruppen oder Freizeitgruppen.

 ## Bemerkungen

Das Spiel wird noch vergnüglicher für die Kinder, wenn sie die einzelnen Kategorien und Anweisungen selbst bestimmen dürfen.

Schöne Geschenke

Dieses Spiel unterstreicht die Tatsache, dass wir alle etwas Wertvolles haben, das wir anderen schenken können.

 Spielmaterial

Keine Materialien notwendig.

 Spielverlauf

Teilen Sie Vierer- bis Sechsergruppen ein. Die Gruppen sollen selbst bestimmen, was ihre einzelnen Mitglieder gut können. Hier sind einige Beispiele dafür:

❑ ... *kann gut vor anderen sprechen*
❑ ... *kann gut rennen*
❑ ... *kann gut kreativ denken*
❑ ... *kann gut sauber machen*
❑ ... *hat eine schöne Handschrift*

Wenn alle Gruppen damit fertig sind, rufen Sie sie in einen Kreis zusammen und lassen jede Gruppe erklären, was ihre Mitglieder gut können. Das kann entweder durch einen Gruppensprecher geschehen, der jedes Kind beim Namen nennt und dann erklärt, worin es besonders gut ist, oder jedes Kind spricht selbst über seine Talente. Die Gruppe könnte auch einen Sprecher wählen, der ihre gesammelten Fähigkeiten wie bei einem Verkauf anpreist.

 Bemerkungen

Wenn Sie die Gruppen zusammenstellen, versuchen Sie das so zu tun, dass Kinder mit schwächerem Selbstbewusstsein jemanden in der Gruppe haben, der ihnen hilft, eine persönliche Stärke zu finden. Gerade bei Schülern, von denen Sie wissen, dass sie behaupten werden, gar nichts gut zu können, sollten Sie schon vor der Spielstunde einige Vorschläge in den Raum stellen. Das können Sie indirekt durch ein Lob für eine der Eigenschaften bewirken, die Ihnen im Lauf des Tages an diesem Schüler aufgefallen sind und auf das Sie während des Spiels zurückkommen können.

Weitere Aktivitäten

Was wir gut können

Gestalten Sie einen Wandaushang mit der Überschrift »Das kann ich gut« für jedes Kind. Sie können auch jeweils ein Foto beifügen.

Fünf Gemeinsamkeiten

Teilen Sie Zweiergruppen ein. Die Partner sollen fünf Gemeinsamkeiten herausfinden und aufschreiben.
Anschließend sollen die Paare die Aktivität wiederholen, nur dieses Mal zu fünf Unterschieden zwischen ihnen.

Wandaushang Körperteile

Zeichnen Sie auf mehreren aneinandergehefteten Papierblättern die Umrisse eines Mädchens und eines Jungen Ihrer Klasse oder Gruppe nach. Lassen Sie beide Umrisse ausschneiden und hängen Sie sie an der Wand aus. Jeder Schüler soll nun auf einem Papierstreifen aufschreiben, welchen seiner Körperteile er am liebsten mag und warum. Befestigen Sie alle Papierstreifen dem Geschlecht entsprechend an den Wandfiguren.

Etwas Besonderes für mich

Fordern Sie die Schüler auf, von daheim etwas mitzubringen, was besonderen Wert für sie hat, oder ein Foto, auf dem sie mit dem entsprechenden Gegenstand abgebildet sind. Stellen Sie diese Stücke auf einem eigenen Tisch aus. Sie können auch jedes mitgebrachte Objekt mit der Digitalkamera fotografieren, sodass es nicht in der Schule verbleiben muss. Falls Sie die realen Gegenstände ausstellen, könnten Sie den Zutritt zu diesem Tisch beschränken, um Verlust oder Schaden zu vermeiden.

Persönlichkeitsstärke

Für gutes Verhalten müssen Kinder lernen, dass sie ihre Gefühle steuern können, und dass wir alle die Verantwortung für die Folgen unseres Denkens und Handelns übernehmen müssen. Mit anderen Worten: Wir müssen eine innere Kontrollinstanz entwickeln. Das können wir nur durch die Erkenntnis erreichen, dass wir für unser Gefühlsleben die Verantwortung tragen und uns unsere Erfolge wie unsere Misserfolge gleichermaßen selbst zuzuschreiben haben. Dann »passiert« uns das Leben nicht einfach nur, denn wir haben gelernt, dass alles im Leben zwei Seiten hat und dass wir auf unser eigenes Leben Einfluss nehmen können. Die Spiele und Aktivitäten in diesem Abschnitt setzen den Schwerpunkt auf die starken Gefühle, die zu kontrollieren wir lernen müssen, und auf die Vorstellung von äußerer und innerer Stärke. Ihr übergreifendes Ziel ist es, Kindern dabei zu helfen, die in ihnen hochkommenden machtvollen Gefühle zu erkennen. Dadurch ist es ihnen möglich zu steuern, wie weit sie sich von ihrer Wut tragen lassen, und sie beginnen zu verstehen, dass innere Stärke einen großen Wert für sie hat.

Am Wendepunkt

Mit diesem Spiel können die Kinder erkunden, wie sie ihre Wut durch einen Willensakt auflösen können, wenn sie wirklich einen Konflikt vermeiden wollen.

 ## Spielmaterial

Keine Materialien notwendig.

 ## Spielverlauf

Fordern Sie die Schüler auf, sich im Raum zu verteilen, still zu stehen und die Augen zu schließen. Sie sollen sich nun an etwas erinnern, das sie wütend gemacht hat. Es könnte sein, dass sie ungerechtigt ausgeschimpft wurden, dass jemand ihnen etwas wegnahm oder dass ein Freund gemein zu ihnen war. Ihre Wut sollen sie sich als großen roten Klumpen im Bauch vorstellen. Sie sollen sich ihre starke innere Hitze vergegenwärtigen und daran denken, dass sie gleich platzen würden, wenn sie nicht irgend etwas machten. Dann sollen sie sich vorstellen, wie kühle, weiche Schneeflocken auf ihren Kopf schneien. Der Schnee dringt in ihren Körper ein und fängt an, die kochende Wut in ihnen abzukühlen. Ganz allmählich, Stück für Stück, bringt der Schnee den heißen roten Klumpen zum Erlöschen. Die Kinder sollen nachempfinden, wie der starke Druck und die Hitze in ihnen langsam verschwinden, bis sie ganz weg sind und sie sich wieder normal fühlen. Erklären Sie ihnen, wie vorteilhaft es für uns ist, wenn wir eine Möglichkeit finden, unseren Ärger loszuwerden.

 ## Bemerkungen

Fragen Sie die Kinder, ob sie glauben, mit dieser Methode ihre Wutgefühle verringern zu können, bevor sie gegenüber anderen gewalttätig reagieren. Sammeln Sie mit ihnen auch Ideen für andere Strategien, die sie nützlich finden, und erläutern Sie, dass sie in sich ein Repertoire aufbauen können, das sie im Notfall zu Hilfe nehmen können. Beispiele für solche Strategien sind: ruhig sitzen bleiben, einen Spaziergang machen, mit einem Freund darüber reden, ein Kissen boxen, bis zehn zählen und so weiter.

Drohender Sturm

Dieses Spiel stellt den Kindern mit einem Blick auf Naturgewalten das Thema Stärke vor.

 Spielmaterial

Keine Materialien notwendig.

 Spielverlauf

Die Kinder sollen sich in einer Reihe mit Blick in Ihre Richtung aufstellen. Erklären Sie ihnen, dass sie einen Sturm durchspielen sollen. Führen Sie jedes Element des Sturms und die dazugehörige Aktion ein:

- ❐ Ein leichter Wind kommt auf und nimmt langsam an Stärke zu – *die Kinder machen stöhnende und seufzende Windgeräusche.*
- ❐ Dann fängt es an zu regnen – *die Kinder trommeln mit den Fingern leicht auf ihre Knie.*
- ❐ Der Regen wird stärker – *die Kinder stampfen mit den Füßen auf.*
- ❐ Ein Blitz zuckt über den Himmel – *von einem Ende der Reihe ausgehend fährt jeder Spieler nacheinander wie erschreckt zusammen.*
- ❐ Schließlich ertönt ein Donnerschlag – *alle klatschen einmal laut in die Hände.*

Sie können die Kinder Blitz und Donner mehrere Male wiederholen lassen. Erzählen Sie dann, wie der Sturm nachlässt, der Regen schwächer wird und der Wind verstummt. Dafür sind keine Aktionen notwendig. Geben Sie abschließend einige Minuten Zeit für langsames, bewusstes Atmen, um zu erreichen, dass sich die Kinder beruhigen.

Nachdem Sie die Schüler mit Anweisungen durch diesen Vorgang begleitet haben, besprechen Sie mit ihnen die zerstörerische Kraft von Stürmen und stellen Sie eine Verbindung zwischen diesen Naturgewalten und der destruktiven Gewalt von Gefühlsausbrüchen her.

 Bemerkungen

Stellen Sie den Gedanken vor, dass es besser ist, mit Hilfe der Strategien von Seite 44 stürmische Gefühlswallungen zu vermeiden, als den durch Wutausbrüche einer Freundschaft zugefügten Schaden wiedergutmachen zu wollen.

Vulkane

Dieses Spiel befasst sich damit, wie sich in Menschen so lange Wut aufstauen kann, bis sie in einem gewaltigen Ausbruch hochschießt.

 ## Spielmaterial

Keine Materialien notwendig. Sie brauchen genügend Platz, damit sich die Kinder im Raum verteilen können.

 ## Spielverlauf

Teilen Sie die Schüler in Gruppen von bis zu sechs Mitgliedern ein. Jede Gruppe soll sich in einem Kreis aufstellen und dann niederkauern, die Hände in der Kreismitte aufgestützt. Erläutern Sie, dass sie einen Vulkan spielen sollen. Dabei müssen sie den kochenden Druck der Lava nachempfinden, der sich in ihnen aufstaut und immer stärker wird. Um diesen brodelnden Druck darzustellen, können sie ihre Arme hin- und herbewegen. Sobald der Druck so hoch ist, dass die Lava nicht mehr gehalten werden kann, sollen sie gemeinsam hochspringen und die Arme zurückwerfen und so den ausbrechenden Vulkan pantomimisch darstellen. Dabei können sie einen lauten Aufschrei loslassen, um auf den Moment des Ausbruchs hinzuweisen. Das Signal dazu kommt von Ihnen. Gegen Ende der Aktivität sollten die Kinder einige Minuten mit langsamem, kontrolliertem und angeleitetem Atmen verbringen, um sie ruhig werden zu lassen.

Sprechen Sie anschließend mit der Klasse darüber, wie sich auch in Menschen Druck aufbauen kann. Fordern Sie sie auf, Gefühle zu nennen, die einen solchen Druck auslösen könnten. Fragen Sie sie nach den schlimmsten Auswirkungen von Vulkanausbrüchen. Ein Beispiel dafür sind die Schäden und Verwüstungen, die sie verursachen. Fragen Sie nun die Kinder, welche Schäden und Verwüstungen von Gefühlsausbrüchen hervorgerufen werden können. Falls die Kinder dabei über wirkliche Geschehnisse berichten, ist es empfehlenswert, sie vorher darauf hinzuweisen, Personen nicht namentlich zu nennen.

 ## Bemerkungen

Regen Sie an, dass die Kinder versuchen sollen, während des Spiels die Intensität des steigenden Drucks in ihrem Körper zu empfinden. Es kann hilfreich sein, dabei die Augen zuzumachen. Auch sollen sie nicht zu schnell den Ausbruch spielen, da das Warten darauf ihren inneren Druck noch verstärken wird.

Das macht mich so wild!

Dieses Spiel lenkt die Aufmerksamkeit auf Wut und ihre Ursachen.

Spielmaterial

Ein »Sprechding«, etwa ein bemaltes Holzei.

Spielverlauf

Versammeln Sie die Kinder in einem Stehkreis und lesen Sie *das folgende Gedicht* vor:

> *Das macht mich so zornig, das macht mich so sauer,*
> (Die geballten Fäuste schütteln)
> *Meine Freude ist weg und mir bleibt nur noch Trauer.*
> (Sich Tränen aus dem Gesicht wischen)
> *Das regt mich so auf, mir platzt gleich der Kragen.*
> (Die Backen aufblasen)
> *Ich muss stampfen und fuchteln, kann kaum noch was sagen.*
> (Aufstampfen und die Arme schwenken)
> *Ich versuch mich zu beruhigen; mein Zorn kann verrauchen.*
> (Die Arme entspannt ausschütteln)
> *Meine Wut ist weg; ich fühl mein wahres Ich auftauchen.*
> (Den anderen freundlich zuwinken)

Lesen Sie das Gedicht ein zweites Mal vor und demonstrieren Sie die Bewegungen, die zu jeder Zeile gehören. Wiederholen Sie es dann zusammen mit den Schülern.
Nun sollen sich alle setzen. Geben Sie einem Kind das »Sprechding« und fordern Sie es auf, folgenden Teilsatz zu ergänzen: »Es macht mich wütend, wenn . . .«.
Danach wird das »Sprechding« an den linken Sitznachbarn weitergegeben. Den Spielern ist es erlaubt das »Sprechding« ohne etwas zu sagen an den linken Sitznachbarn weiterzugeben, aber ermuntern Sie trotzdem alle zum Mitmachen. Es kann gut sein festzulegen, dass keine konkreten Namen genannt werden. Das Spiel geht weiter, bis jeder an der Reihe war.
Lassen Sie das Spiel mit einem weitergereichten Händedruck positiv ausklingen.

Bemerkungen

Besprechen Sie mit den Kindern, warum einige bei einer bestimmten Situation wütend werden und andere nicht. Untersuchen Sie mit ihnen, welche Bedeutung die Fähigkeit haben kann, über die Empfindlichkeiten anderer Bescheid zu wissen.

Wutwerteskala

Bei dieser Aktivität können die Kinder ihre Reaktionen auf vorgegebene Situationen beurteilen und ihre Wutwerte mit denen anderer vergleichen.

Spielmaterial

Für jedes Kind eine Kopie von Seite 139 und ein Bleistift. Fünf Blatt Papier, nummeriert von 1–5.

Spielverlauf

Alle Kinder erhalten eine Kopie von Seite 139 und einen Bleistift. Sie sollen als Reaktion auf die Aussagen, die Sie vorlesen, eine Einschätzung ihrer Wut auf einer Punkteskala von 1–5 abgeben: 1 ist überhaupt nicht wütend, 5 ist außer sich vor Wut. Sie sollen jeweils die gewählte Zahl einkreisen. Lesen Sie die Aufzählung vor und geben Sie ihnen dabei Zeit, die entsprechende Zahl auszuwählen. Rufen Sie danach alle Schüler in einen Kreis zusammen und besprechen Sie ihre Gefühle zu jeder Aussage. Legen Sie nun die nummerierten Blätter innerhalb des Kreises auf dem Boden aus. Lesen Sie die erste Aussage vor und fordern Sie alle auf, sich bei dem Blatt mit der Nummer aufzustellen, die die einzelnen Kinder bei diesem Punkt mit einem Kreis versehen haben. Sobald alle ihre Zahl gefunden haben, können Sie mit ihnen die Bandbreite an Reaktionen durchsprechen. Machen Sie mit den nächsten Aussagen weiter.
Sie können dabei auch Fragen wie die folgenden untersuchen:

❒ Bei welchen Aussagen hat alle die »nackte Wut« gepackt?
❒ Wie viele Fünfen/Einsen habt ihr auf eurem Blatt?

Lassen Sie die Schüler nach Möglichkeiten zur Eindämmung ihrer Wut Ausschau halten, indem Sie ihnen den Teilsatz »Würde es helfen, wenn....?« vorgeben. Geben Sie vor, über irgend etwas wütend zu sein. Die Kinder sitzen im Kreis und ergänzen nacheinander den Teilsatz, um Ihnen damit hilfreiche Strategien vorzuschlagen. Sie können den Kindern auch die Frage stellen: »Sind dir bei einer der Situationen andere Gefühle in den Sinn gekommen?«, sodass auch weitere starke Gefühle, die sie vielleicht gespürt haben, erkundet werden können. «

Bemerkungen

Achten Sie darauf, dass die Kinder gut im Raum verteilt sind, wenn sie die Blätter ausfüllen. Fordern Sie sie auf, dabei ruhig zu sein.

Ich brauch Platz!

Dieses Spiel kann gut zu einem Gespräch über die Vorzüge von Konfliktvermeidung überleiten.

 ## Spielmaterial

Keine Materialien notwendig. Sie brauchen allerdings viel Platz.

 ## Spielverlauf

Die Kinder sollen sich auf der Spielfläche verteilen. Sie sollen mit abgewinkelten Ellenbogen herumgehen und rufen: »Ich brauch Platz!« Das kann auch in Form eines Singsangs geschehen. Spielziel ist es, einen Körperkontakt mit den anderen Spielern zu vermeiden. Spieler, die sich berühren, scheiden aus und müssen von der Seite her zusehen. Das Spiel wird beendet, wenn es für die restlichen Spieler zu einfach wird, sich auszuweichen. Alternativ können Sie allerdings die Fläche entsprechend der Spielerzahl verkleinern, sodass der Schwierigkeitsgrad erhalten bleibt.

Sprechen Sie mit den Kindern über verschiedene Möglichkeiten des Spielausgangs. Erklären Sie, falls nötig, dass es Streit, Verletzungen oder gekränkte Gefühle geben würde, wenn die Spieler sich hätten anrempeln dürfen. Fragen Sie, welche Fähigkeiten sie einsetzen mussten, um einander auszuweichen. Leiten Sie von dieser Eröffnung über zu einem Gespräch über Konfliktvermeidung.

 ## Bemerkungen

Möglicherweise müssen Sie den Kindern erst eindrücklich klarmachen, dass es bei diesem Spiel darum geht, geschickt umeinander herumzusteuern und dass sie sich gut auf diese Aufgabe konzentrieren sollten. Um das Spiel schwieriger zu machen, können Sie die Schüler zu zügigerem Gehen auffordern.

Schlafender Riese

Das ist ein spannendes Spiel, mit dem man zu dem Thema überleiten kann, dass man es vermeiden sollte, andere durch Gedankenlosigkeit vor den Kopf zu stoßen.

 ## Spielmaterial

Keine Materialien notwendig.

 ## Spielverlauf

Die Schüler bilden einen Sitzkreis. Ein Spieler, der schlafende Riese, kauert in der Kreismitte. Die übrigen Mitspieler dürfen im Kreisinneren hin- und hergehen, da sie ziemlich sicher sind, solange der Riese schläft. Wenn er allerdings erwacht, müssen alle schnell ihre Plätze einnehmen und absolut still sitzen. Spieler, die nicht rechtzeitig ihre Stühle erreichen, kann der Riese mit einem Klaps auf den Rücken fangen und sie scheiden aus. Genauso diejenigen, die sich auf ihren Stühlen bewegen. Alle Spieler, die ausgeschieden sind, setzen sich außerhalb des Kreises auf den Boden. Nach einem prüfenden Blick in die Runde legt sich der Riese wieder zum Schlafen hin. Ein neuer Durchgang beginnt. Ein Spieler darf als Riese drei- bis viermal aufwachen, dann wird er ausgetauscht.

Besprechen Sie mit den Kindern, wie es war, als sie sich ganz ruhig verhalten mussten, um den Riesen nicht zu reizen. Leiten sie dazu über, dass man andere Leute nicht durch Unfreundlichkeit in Zorn versetzen und sie auch nicht absichtlich reizen sollte, da das unangenehme Folgen haben könnte.

 ## Bemerkungen

Das ist auch ein guter Anlass, den Schülern begreiflich zu machen, dass beide Seiten mitschuldig bei einem Streit sind, wenn ein Kind auf eine Provokation durch andere wütend reagiert. Sie können die Kinder Möglichkeiten untersuchen lassen, sich in solchen Situationen Hilfe zu holen, um sich nicht wie in einer Falle zu fühlen.

Körper und Geist

Dieses Spiel lenkt den Blick darauf, dass wir sowohl einen kräftigen Körper als auch innere Stärke brauchen.

Spielmaterial

Ein großer Papierbogen oder mehrere zusammengeklebte Blätter und einen dicken Markierstift.

Spielverlauf

Zeichnen Sie zwei kleine Kreise auf das Papier, den einen beschriften Sie mit »äußere Stärke«, den anderen mit »innere Stärke«. Erklären Sie, dass Sie ein Netzdiagramm erstellen wollen, das genau aufzeigt, welche Eigenschaften mit welchem Merkmal verbunden ist. Die Kinder sollen sich nun im Raum umherbewegen und sich ihre äußere Stärke vergegenwärtigen. Dann sollen sie das Gleiche erneut tun, sich dieses Mal aber ihre innere Stärke durch den Sinn gehen lassen.

Rufen Sie die Kinder zu einem Kreis zusammen und legen Sie den Papierbogen in die Mitte. Ziehen Sie strahlenförmige Linien vom ersten Kreis ausgehend und fragen Sie die Kinder, was ihnen bei »äußere Stärke« eingefallen ist. Es könnten Antworten kommen wie starke Muskeln, bewegliche Glieder und so weiter. Sie könnten auch Tätigkeiten zu jedem genannten Merkmal abfragen, wie etwa: eine schwere Schachtel heben, verschiedene Sportarten betreiben und so weiter. Führen Sie nun das Gespräch mit dem Merkmal »innere Stärke« weiter. Dazu könnten Zuversicht, Selbstbewusstsein, das Gefühl des Angenommenseins und der Sicherheit, Geduld usw. gehören.
Teilen Sie die Kinder in Gruppen mit bis zu fünf Mitgliedern ein, je nach Größe und Alter der Ausgangsgruppe, und lassen Sie sie über Möglichkeiten zum Aufbau äußerer und innerer Stärke nachdenken. Bilden Sie dann wieder einen Kreis und lassen Sie die Ergebnisse dieses Denkprozesses vorstellen. Zur äußeren Stärke zählen etwa vollwertige Ernährung, Aspekte eines gesunden Lebens und genügend Schlaf. Für innere Stärke können Spielkreise, die Anwendung von Beruhigungsstrategien, Anstrengungen in der Schule und das Bemühen, ein guter Freund zu sein, Bedeutung haben.

Bemerkungen

Hängen Sie das Netzdiagramm eine oder zwei Wochen lang an der Wand auf, um den Schülern Zeit zum Betrachten und Überdenken zu geben.

So stark

Diese Aktivität geht dem Thema der inneren Stärke weiter nach.

 ## Spielmaterial

Suchen Sie mehrere Fotos von körperlich starken Personen zusammen, zum Beispiel Bilder von Gewichthebern, Bodybuildern oder Turnern. Sammeln Sie gleichfalls mehrere Fotos von Menschen, die innere Stärke zeigten, zum Beispiel von Mahatma Gandhi oder Nelson Mandela, Dietrich Bonhoeffer oder Pater Maximilian Kolbe.

 ## Spielverlauf

Zeigen Sie die Fotos nacheinander den Schülern, zuerst die der körperlich starken Personen. Die Kinder sollen jedes einzelne kommentieren und dabei auch gemeinsam behandelte Aspekte ansprechen. Jüngere Schüler stehen sicher gern auf, zeigen ihre Muskeln und machen vor, dass sie auch groß und stark sind. Zeigen Sie nun die Fotos der Personen her, die innere Stärke bewiesen haben, und fragen Sie, ob die Schüler etwas über diesen Menschen wissen. Falls nicht, erzählen Sie über ihr Leben. Stellen Sie nun die Frage, in welcher Hinsicht eine bestimmte Person in den Augen der Schüler stark ist. Sprechen Sie kurz darüber, was die Person durch ihre innere Stärke erreicht hat. Erkunden Sie zum Beispiel mit den Schülern, wie Gandhis friedliche Proteste ein ganzes Land verändern konnten. Gehen Sie bei allen anderen Fotos von Personen mit innerer Stärke genauso vor. Führen Sie ein Gespräch über die gewaltigen Wirkungen innerer Stärke.

 ## Bemerkungen

Vielleicht können die Kinder Nachforschungen über andere berühmte Persönlichkeiten anstellen, die durch ihre innere Stärke die Welt verändert haben, z. B. Flonrence Nightingale oder Albert Schweitzer.

Tritt hierhin!

Dieses Spiel hilft den Kindern zu verstehen, dass die Stimmung eines Menschen auch durch dessen Körpersprache ausgedrückt wird und dass wir durch diese Form der Kommunikation etwas über die geistige Verfassung einer Person erfahren können.

 ## Spielmaterial

Keine Materialien notwendig.

 ## Spielverlauf

Bilden Sie einen großen Sitzkreis. Rufen Sie einen Schüler auf, der sich freiwillig meldet. Er soll den Kreis abschreiten und dabei so tun, als sei er wütend. Der Spieler soll diesen Zorn durch seinen Gesichtsausdruck und seinen Gang zeigen. Um damit Erfolg zu haben, sollte er versuchen, in sich ein Gefühl der Wut heraufzubeschwören, vielleicht, indem er an ein Ereignis denkt, das ihn in Wut versetzt (hat). Fordern Sie danach andere Spieler auf, verschiedene Gemütszustände vorzuspielen, wie traurig, ängstlich, gelassen, aufgeregt, besorgt und so weiter. Besprechen Sie mit den Kindern, wie sich unsere Körperhaltung und Gesten mit unseren Stimmungen ändern können.

 ## Bemerkungen

Wenn Sie genügend Platz zur Verfügung haben, können Sie die Hälfte der Gruppe sich bewegen lassen zu einer Reihe von Gefühlen, die Sie ausrufen. Die andere Hälfte sieht zu. Tauschen Sie die Spieler nach einigen Minuten aus. Wenn beide Teile der Gruppe an der Reihe waren, versammeln Sie wieder alle im Kreis und fragen Sie nach Beobachtungen, wie die anderen ihre Körpersprache veränderten, als Sie unterschiedliche Gefühle nannten.

Persönlichkeitsstärke

Kopf hoch

Dieses Spiel handelt davon, wie die innere Stärke eines Menschen seine Körperhaltung beeinflussen und anderen Vertrauen einflößen kann.

Spielmaterial

Ein Flipchart und ein Markierstift[1].

Spielverlauf

Versammeln Sie die Kinder in einem Kreis und sprechen oder lesen Sie ihnen den folgenden Text vor:

Du fühlst dich heute großartig. Du bist früh aufgestanden, die Sonne hat geschienen. Du hast gut und entspannt gefrühstückt. Jeder in der Schule hat sich gefreut, dich zu sehen. Du bist zuversichtlich, weil du weißt, dass du heute dein Bestes geben wirst und weil du vorhast, dich zu konzentrieren und anzustrengen.

Die Schüler sollen sich gerade und aufrecht mit erhobenem Kopf hinstellen und dabei das Vertrauen und die Zufriedenheit der Person in der gerade gehörten Geschichte nachempfinden. Fordern Sie sie nun auf, selbstsicher auf der Spielfläche umherzugehen, ihren Mitschülern freundliche Blicke zuzuwerfen und ihnen zuzulächeln oder mit dem Kopf zu nicken. Rufen Sie nach einigen Minuten wieder alle in den Kreis zurück. Fragen Sie, welches Gefühl sie beim Herumgehen hatten. Erörtern Sie mit den Schülern den Unterschied zwischen Zuversicht und Arroganz. Erläutern Sie, dass Menschen durch ihre inneren Qualitäten Zuversicht und Selbstvertrauen gewinnen.

Bemerkungen

Besprechen Sie mit den Schülern Wege, ihre innere Stärke zu steigern. Sammeln Sie Vorschläge und notieren Sie diese. Hängen Sie die Aufzählung aus, damit sich die Schüler bei nachfolgenden Aktivitäten darauf beziehen können.

---

[1] Anstelle des Flipcharts und des Markierstiftes könnte auch eine Tafel und Kreide verwendet werden.

 # Weitere Aktivitäten

Wenn ich sauer bin

Die Kinder sollen den Teilsatz »Wenn ich sauer bin, . . .« ergänzen. Die Antworten können sowohl positive wie negative Folgen umfassen. Besprechen Sie einige Vorschläge, um zu sehen, ob sie positive oder negative Auswirkungen haben würden.

Atemübungen

Üben Sie mit den Kindern bewusstes Atmen, etwa mit folgender Anleitung:

Atme tief und regelmäßig durch die Nase ein und durch den Mund aus. Versuche, jeden Atemzug beim Ausatmen doppelt so lang zu machen wie beim Einatmen. Es hilft dabei, beim Einatmen »eins« zu zählen und beim Ausatmen »zwei, drei«. Lass die Schultern hängen, während du atmest. Entspanne sie bei jedem Ausatmen immer mehr, sodass du schließlich nur dein Zwerchfel' hebst und senkst.

Techniken der Wutbewältigung

Stellen Sie eine Aufzählung solcher Techniken mit den Schülern zusammen - zum Beispiel, bis zehn zählen, tief atmen, weggehen. Hängen Sie diese im Klassenzimmer aus. Lassen Sie bestimmte Situationen mit verteilten Rollen durchspielen, um die Techniken einzuüben.

Steigern der inneren Stärke

Besprechen Sie mit jedem Schüler eine Möglichkeit, seine innere Stärke zu steigern. Es kann sich beispielsweise darum handeln, ein bestimmtes Gefühl zu kontrollieren, eine Fähigkeit wie freies Sprechen vor der Klasse zu verbessern, oder eine Helferaufgabe in der Klasse zu übernehmen usw. Achten Sie darauf, dass die Vorschläge realistisch sind. Schreiben Sie für eine spätere Bezugnahme die Absichten der Schüler auf. Erörtern Sie mit jedem, wie er in dem Bereich, den er sich ausgesucht hat, besser werden kann. Versuchen Sie, jeden seine Strategien selbst bestimmen zu lassen. Setzen Sie eine Zeitspanne, beispielsweise ein halbes Schuljahr, fest, in der die Ziele erreicht werden sollen. Am Ende dieser Zeit könnten Sie einen Spielkreis mit dem Motto »Wir haben unsere innere Stärke gesteigert« abhalten, in dem die Schüler von ihren Errungenschaften erzählen.

Gemeinsam sind wir stärker

Kinder, die in ihrer Gruppe anerkannt sind und ihr gegenüber Loyalität empfinden, sind zu gutem Benehmen motiviert. Die Spiele in diesem Abschnitt beleuchten den Wert der Zusammenarbeit beim Bündeln der Kräfte und der Erhöhung der Effektivität. Die Kinder prüfen, wie sie ihre persönlichen Stärken in die Gruppe einbringen können und wie andere Gruppenmitglieder Ermutigung und den Drang zum Erfolg beisteuern können.

Im Gleichtakt

Diese Aktivität fördert die Einsicht der Kinder, dass Erfolg oft Kooperation und Konzentration erfordert.

 Spielmaterial

Keine Materialien notwendig. Die Kinder brauchen viel Platz, um sich zu bewegen.

 Spielverlauf

Bilden Sie Gruppen mit bis zu vier Mitgliedern, die etwa die gleiche Körpergröße haben sollten. Jede Gruppe soll eine eigene Reihe bilden, ein Spieler steht hinter dem anderen, den Blick nach vorn gerichtet. Nun sollen die Spieler die Hüfte ihres Vordermanns mit ausgestreckten Händen fassen. Erklären Sie, dass die Gruppen Gleichschritt üben sollen, also, gemeinsam zuerst mit dem rechten Fuß und dann dem linken Fuß zur gleichen Zeit marschieren. Geben Sie den Gruppen einige Minuten Zeit zur Übung, sie sollen sich dabei gegenseitig ausweichen. Lassen Sie sie anschließend ihr Können demonstrieren.

Rufen Sie die Schüler in einen Kreis zusammen und fragen Sie, was sie am schwierigsten bei dieser Aktivität fanden. Wie haben sie es organisiert, zur gleichen Zeit anzufangen und zu wissen, welchen Fuß sie als Erstes nach vorn setzen sollten? Welche Signale haben sie verwendet? Hat ein Spieler den anderen Anweisungen gegeben? Sind seine Mitschüler diesen Anweisungen gern gefolgt? Wie haben sie Streitereien bereinigt? Reden Sie mit den Kindern darüber, dass ein Erfolg bei der Gruppenarbeit von der Zusammenarbeit und den gleich großen Anstrengungen aller Gruppenmtglieder abhängt.

 Bemerkungen

Sie können den Spielspaß noch erhöhen, indem Sie die Kinder im Gleichtakt springen, fünfbeinig laufen oder hüpfen lassen.

Gleichzeitige Bewegungen

Bei diesem Spiel müssen die Kinder zusammenarbeiten, um ihre Bewegungen zu synchronisieren. Das Spiel erfordert starke Konzentration und eine gute Beobachtungsgabe.

 ## Spielmaterial

Keine Materialien notwendig. Die Gruppen benötigen viel Platz für ihre Übung.

 ## Spielverlauf

Bilden Sie Gruppen von bis zu sechs Mitgliedern. Kündigen Sie an, die Aufgabe werde darin bestehen, ihre Bewegungen zu synchronisieren. Jede Gruppe soll einen Spielführer wählen und ein System für die Weitergabe von Informationen ausarbeiten: entweder ein gesprochenes oder ein visuelles Signal. Dann bestimmt die Gruppe eine Bewegungsfolge: zum Beispiel aufstehen, sich hinsetzen, die Fußgelenke überkreuzen, die Arme verschränken, das eigene Gesicht berühren. Anschließend übt sie diese Bewegungen gemeinsam ein, sodass sie möglichst schnell ausgeführt werden können. Der Spielführer kann entweder jede Bewegung vorher ankündigen oder mit einem Kopfnicken kundtun, dass die nächste Aktion in der Bewegungsfolge durchgeführt werden soll.

Geben Sie den Gruppen zehn Minuten Übungszeit und rufen Sie dann alle zusammen. Fordern Sie jede Gruppe auf, ihre Bewegungsabläufe vorzuführen, um zu sehen, welche ihre Bewegungen am besten synchronisieren kann. Nachdem alle Gruppen ihre Bewegungen gezeigt haben, nummerieren Sie sie und fordern alle Spieler auf, für die Gruppe zu stimmen, die ihrer Ansicht nach am besten synchronisiert war - es muss aber eine andere als ihre eigene sein. Versammeln Sie alle im Kreis und fragen Sie, wie sie diese Aktivität angegangen sind. Welche Probleme hatten sie und wie haben sie diese gelöst?

 ## Bemerkungen

Lassen Sie das Spiel mehrere Male spielen und wechseln Sie dabei immer wieder die Gruppenführer aus, die sich mit ihrer Gruppe jeweils neue Bewegungs-abläufe ausdenken. Fragen Sie die Schüler, ob ihnen diese Rolle gefallen hat und warum. Erkundigen Sie sich bei ihnen, was das Schwierigste an der Führung der Gruppe war.

Übereinstimmung

Bei diesem Spiel setzen die Kinder vor allem ihre Fähigkeiten zum Zuhören für die Zusammenarbeit ein.

 Spielmaterial

Keine Materialien notwendig. Es wird viel Platz zum Spielen gebraucht.

 Spielverlauf

Teilen Sie die Schüler in zwei Gruppen ein. Wahrscheinlich werden Sie sich aufschreiben müssen, wer in welcher Gruppe ist. Weisen Sie jeder Gruppe einen bestimmten Laut oder eine einfache Melodie zum Summen zu. Dann sollen sich die Gruppen auflösen und auf der Spielfläche verteilen. Suchen Sie aus jeder Gruppe zwei Spieler aus; die anderen sollen umhergehen und dabei ihren Laut oder ihre Melodie vor sich hinsummen. Nun sollen die beiden Spieler aus jeder Gruppe ihre Gruppenmitglieder durch die Laute erkennen, die sie von sich geben. Die gefundenen Gruppenmitglieder sollen sie zu einer Seite des Raums dirigieren. Sobald die Gruppen wieder komplett sind, rufen Sie alle Spieler in einen Kreis zusammen. Fragen Sie, ob ihrer Meinung nach die Aktivität gut abgelaufen ist. Hatten irgendwelche Spieler Schwierigkeiten mit ihrem Laut oder ihrer Melodie? Wenn ja, wann und warum?

 Bemerkungen

Mit diesem Spiel können Sie die Schüler auch auf äußere Einflüsse aufmerksam machen, indem Sie die Gruppengröße variieren. Für die kleinere Gruppe wird es dann schwieriger, aus den Geräuschen, die von der größeren Gruppe kommen, herausgehört zu werden.

Was würdest du tun?

Hier besprechen die Kinder miteinander Lösungen für Probleme und denken über die Folgen von Handlungen nach.

 ## Spielmaterial

Für jede Gruppe eine Kopie von Seite 140, neun Karteikarten und ein Bleistift.

 ## Spielverlauf

Bilden Sie Gruppen von bis zu sechs Mitgliedern und teilen Sie an jede Gruppe eine Kopie von Seite 140 aus. Lesen Sie gemeinsam mit den Schülern die Szenarien auf dem Blatt durch. Nun sollen die Gruppen diese Situationen miteinander besprechen und sich friedliche sowie wirkungsvolle Lösungen für jede davon überlegen. Ein Spieler pro Gruppe soll jede von der Gruppe gefundene Lösung auf eine separate Karteikarte schreiben oder zeichnen. Geben Sie dafür etwa zwanzig Minuten Zeit und rufen Sie danach alle Schüler zu einem Kreis zusammen. Fragen Sie einen Spieler pro Gruppe nach den Lösungen seiner Gruppe für jedes Problem. Jede Gruppe, die die gleiche Lösung wie die vorgetragene gefunden hat, hebt die entsprechende Karteikarte hoch und sagt: »Wir auch!« Wiederholen Sie das Ganze und lassen Sie die Lösungen jeweils von einem anderen Spieler vorstellen.

 ## Bemerkungen

Sie können mit den Schülern die negativen Entwicklungen besprechen, die einige der Gruppenvorschläge eventuell nach sich ziehen und die Konsequenzen daraus.

Der Ruf der Wildnis

Bei diesem geräuschvollen Spiel suchen die Spieler aktiv andere Gruppenmitglieder.

 ## Spielmaterial

Sie brauchen Vierersätze von Tierbilderkarten – zum Beispiel von Katzen, Hunden, Enten, Kühen oder Schafen. Alle diese Tiere sollten voneinander unterscheidbare Rufe haben. Bei älteren Schülern können Sie auch die Tiernamen auf Kärtchen schreiben.

 ## Spielverlauf

Mischen Sie die Karten und geben Sie jedem Spieler eine verdeckt in die Hand. Alle sollen sich kurz das Bild darauf betrachten, aber so, dass kein Mitspieler es sieht. Sammeln Sie dann die Karten wieder ein. Erklären Sie, dass Sie bis drei zählen werden und alle Spieler ab dann auf der Spielfläche umhergehen und die Laute des Tieres auf ihrer Karte ausstoßen sollen. Gleichzeitig sollen sie aber genau zuhören, welche Geräusche die Mitspieler von sich geben und auf diese Weise die drei Mitglieder ihrer Gruppe auffinden. Wenn eine Gruppe komplett ist, setzen sich alle hin. Die Kinder dürfen nicht aussprechen, welches Tier sie sind. Sobald alle Gruppen zusammengefunden haben, verteilen Sie die Karten erneut und eine neue Spielrunde beginnt.

 ## Bemerkungen

Bei jüngeren Schülern ist es möglicherweise empfehlenswert, die vorkommenden Tiere durchzugehen und ihre Rufe vormachen zu lassen, sodass die Spieler wissen, welche Laute sie produzieren müssen. Falls Sie glauben, die Kinder könnten ihr Tier vergessen, können Sie sie die Karten auch bei sich behalten lassen, so lange sie sie niemandem zeigen.

Wenn Ihre Schülerzahl nicht durch vier teilbar ist, sollten Sie die kleinere Gruppe genauer im Auge behalten und sie instruieren, sich hinzusetzen, sobald sich alle ihre Mitglieder identifiziert haben.

Gemeinsam sind wir stärker

Sich auf etwas einigen

Bei diesem Spiel müssen die Kinder ihre Fähigkeit zum Kompromiss und zur Zusammenarbeit beweisen.

 ## Spielmaterial

Ein Flipchart/eine Tafel, ein Markierstift und für jede Gruppe/jedes Kind ein Blatt Papier und ein Bleistift.

 ## Spielverlauf

Bilden Sie Vierergruppen. Schreiben Sie verschiedene Kategorien auf das Flipchart oder an die Tafel, zum Beispiel *Mittagessen, Popstars, Fernsehsendungen, Songs, Zeichentrickfiguren, Haustiere oder Wildtiere.* Die Kinder schreiben oder zeichnen zu jeder Kategorie das auf ihr Blatt, was ihnen gefällt. Alle Mitglieder einer Gruppe sollen sich dann zu jeder Kategorie einigen, was ihnen allen gefällt. Die Gruppen dürfen keinen Druck ausüben, um jemanden dazu zu überreden, seine Zustimmung zu etwas zu geben, was er nicht mag. Sie sollen alle Vorschläge besprechen und Möglichkeiten für einen Kompromiss und eine gemeinsame Entscheidung finden. Geben Sie den Gruppen etwa zehn Minuten Zeit dafür. Dann setzen sich alle in einen Kreis.

Fragen Sie, für wie viele Kategorien die einzelnen Gruppen eine Übereinstimmung erzielen konnten. Wenn eine Gruppe nur wenige geschafft hat, erkundigen Sie sich nach ihren Schwierigkeiten. Fragen Sie weiter, was zur erfolgreichen Erledigung dieser Aufgabe nötig war (Kooperation und Kompromissbereitschaft, um eine Lösung herbeizuführen). Lassen Sie die Ergebnisse von den Gruppen vortragen.

 ## Bemerkungen

Sprechen Sie mit den Kindern vorher darüber, wie sie sich bei dieser Aktivität verhalten sollen. Die Meinungen von Mitspielern dürfen nicht herabgesetzt werden - jeder hat das Recht auf eine eigene Meinung. Lassen Sie die Kinder die Grundvoraussetzungen guter Zusammenarbeit untersuchen: genau zuhören, keine Bewertungen vornehmen, sich vom eigenen Standpunkt lösen und einen Kompromiss erzielen.

Würfeln, fertig, los

Dieses spannende Spiel mit Wettbewerbscharakter fördert die Bereitschaft der Spieler zur vollen Zusammenarbeit.

 ## Spielmaterial

Ein großer Würfel aus Schaumstoff. Genügend Platz zum Herumlaufen.

 ## Spielverlauf

Teilen Sie die Kinder in zwei Gruppen ein, die sich an entgegengesetzten Seiten der Spielfläche auf den Boden setzen sollen. Kündigen Sie an, dass Sie würfeln und die gezeigten Augen ausrufen werden. Die Gruppen sollen sich dann in kleinere Einheiten aufspalten, die so viele Mitglieder haben, wie es dem Würfelergebnis entspricht. Es macht nichts, wenn einige Spieler übrig bleiben. Sobald eine Gruppe so viele kleine Einheiten wie möglich gebildet hat, setzen sich alle ihre Mitglieder hin (auch die übrig gebliebenen). Die Gruppe, die diese Aufgabe als Erste erfüllt hat, erhält einen Punkt. Lassen Sie mehrere Runden spielen.

 ## Bemerkungen

Wenn Sie die Schüler den Ausgangsgruppen zuordnen, sollten Sie darauf achten, fähigere und weniger fähige Schüler gerecht unter den Gruppen aufzuteilen, damit nicht eine Mannschaft bessere Voraussetzungen als die andere hat. Um das Spiel schwieriger zu gestalten, können Sie die beiden Gruppen mischen. Die Aufgabe besteht aber nach wie vor darin, die kleineren Einheiten aus den Mitgliedern der gleichen Gruppe zu bilden, so dass sich jeder merken muss, welcher Gruppe er angehört. Als kleine Hilfestellung können Sie an jeden Spieler je einer Gruppe Zettel in der gleichen Farbe ausgeben.

Einsatz auf Stichwort

Dieses Spiel eignet sich hervorragend für kooperative Gruppenarbeit und Konzentrationsschulung.

Spielmaterial

Mehrere Kopien der Liedtexte von »Häschen in der Grube«, »Es klappert die Mühle am rauschenden Bach« und »Spannenlanger Hansel, nudeldicke Dirn« oder anderer Lieder, die die Kinder schon kennen und in denen das gleiche Stichwort häufiger vorkommt.

Spielverlauf

Suchen Sie zunächst ein Stichwort für ein Lied aus, z. B. »Häschen« oder »hüpf« für »Häschen in der Grube«. Teilen Sie die Kinder in Gruppen mit bis zu sechs Mitgliedern ein und verteilen Sie die Gruppen im Raum. Geben Sie jeder Gruppe den Text eines Liedes und flüstern Sie jeweils einem Gruppenmitglied das Stichwort ins Ohr. Die Gruppen sollen sich nun dicht zusammendrängen und der Spieler, der das Stichwort kennt, soll es den anderen Spielern leise mitteilen. Jede Gruppe soll dann heimlich eine kleine Geste zu diesem Stichwort vereinbaren, z. B. schnüffeln, das Kinn berühren, die Arme verschränken - sie sollte allerdings nicht zu auffallend sein. Erklären Sie den Kindern, dass sie ihr Lied vorspielen sollen und dass jedes Mal, wenn das Stichwort fällt, ein anderes Gruppenmitglied die vereinbarte Bewegung ausführen soll. Die anderen Gruppen werden zuschauen und versuchen, sowohl das Stichwort wie auch die Geste zu erraten. Geben Sie den Gruppen ein bis zwei Minuten Zeit, um zu entscheiden, welche Spieler in welcher Reihenfolge auf das Stichwort reagieren sollen. Anschließend spielt jede Gruppe nacheinander ihr Lied vor, während Sie den Text vorlesen. Fragen Sie danach die anderen Gruppen nach dem Stichwort und der dazugehörigen Geste.

Bemerkungen

Weisen Sie die Kinder darauf hin, dass in den Gruppen nicht zu laut gesprochen wird, damit die anderen nicht mithören können.

Elf Füße

Dieses Spiel fördert die Kooperation und Konzentration.

 Spielmaterial

Keine Materialien notwendig.

 Spielverlauf

Teilen Sie Sechsergruppen ein. Erklären Sie den Kindern, dass Sie eine Zahl ausrufen werden. Jede Gruppe muss schnell ausrechnen, wie sie diese Zahl mit ihren Füßen auf dem Boden darstellen kann. Die Kinder dürfen dabei keine Stühle verwenden und sich nicht auf den Boden setzen. Wenn Sie also »11« rufen, muss ein Kind pro Gruppe auf einem Fuß stehen. Wenn Sie »5« rufen, müssen pro Gruppe fünf Kinder auf je einem Fuß stehen und eins muss hochgehalten werden. Die Gruppe, die als Erste mit der richtigen Anzahl von Füßen auf dem Boden steht, erzielt einen Punkt.

 Bemerkungen

Überlegen Sie vor dem Spiel, welche Zahlen machbar und ungefährlich auszuführen sind. Sie können das Spiel auch auf Matten spielen, damit sich kein Spieler wehtut, wenn er hinfällt.

Besprechen Sie nach dem Spiel, wie nötig es war, sich gegenseitig zu stützen, um das Gleichgewicht zu bewahren. Erklären Sie, dass sich die Schüler auch im Unterricht durch Zusammenarbeit gegenseitig (unter)stützen können.

Kopfnüsse

Das Spiel fördert die Denkfähigkeit der Schüler.

 ## Spielmaterial

Ein Flipchart und ein Markierstift; für jeden Schüler einen Bleistift und etwas Papier.

 ## Spielverlauf

Schreiben Sie das folgende Buchstaben-Suchrätsel auf dem Flipchart an. Die Lösungsbuchstaben ergeben in der richtigen Reihenfolge das Wort »Ratefüchse«.

> *Dieser Buchstabe fehlt zwölfmal in dem Vers: »Abr wh, wh, wh, wnn ich auf das nd sh.«*
> *Dieser Buchstabe sieht fast wie ein Becher mit zwei Punkten oben drüber aus.*
> *Dieser Buchstabe steckt in Taube, aber nicht in Tube.*
> *Diesen Buchstaben hörst du, wenn du mit Mundwasser gurgelst.*
> *Diesen Buchstaben findest du in deinem Federmäppchen, aber nicht in einem Ledermäppchen.*
> *Diese beiden Buchstaben klingen am Wortanfang manchmal wie ein »k«.*
> *Was aus deinem Füller läuft, fängt mit diesem Buchstaben an.*
> *Dieser Buchstabe sieht aus wie eine Schlange, die sich ringelt.*
> *Mit diesem Buchstaben fängt die Zahl an, die du herausbekommst, wenn du fünf mal zwei nimmst und eins dazurechnest.*

Bilden Sie leistungsgemischte Fünfer- oder Sechsergruppen. Erklären Sie, dass jede Zeile einen Buchstaben (in einem Fall: zwei) beschreibt und alle Buchstaben zusammengenommen in der richtigen Reihenfolge ein Wort ergeben. Die Gruppen haben zehn Minuten, um die Lösung zu finden. Wer fertig ist, darf sich hinsetzen. Wenn die Zeit abgelaufen ist oder alle Gruppen fertig sind, sprechen Sie die Lösungen mit ihnen durch. Jede Gruppe kann ihre eigenen Antworten verbessern.

 ## Bemerkungen

Die einzelnen Gruppen können auch selbst Rätsel erfinden, die sie anderen Gruppen vorlegen.

Weitere Aktivitäten

Wortpaarrätsel

Lassen Sie die Kinder Rätsel ausarbeiten, in denen es darum geht, einen Buchstaben aufzuspüren, der nur in einem Wort eines Wortpaares vorkommt. Die gefundenen Buchstaben ergeben das Rätselwort. Ein Beispiel für »Kuh«: *»Mein erster Buchstabe steckt in Maske, aber nicht in Masse. Mein zweiter Buchstabe findet sich in Buch, aber nicht in Bach. Mein dritter Buchstabe kommt in Hand, aber nicht in Band vor. Welches Wort bin ich?«*

Koordinatenbilder

Bilden Sie mit Schülern unterschiedlicher Leistungsfähigkeit Zweiergruppen und geben Sie jeder Gruppe etwas kariertes Papier. Jedes Paar bestimmt einen Schreiber, der von der linken unteren Ecke eines Blattes aus eine nummerierte x- und y-Achse einzeichnet. Jede Gruppe erhält den Auftrag, ein einfaches Muster oder Bild auf ihr Blatt zu entwerfen und sich dabei an den Koordinaten zu orientieren. Dann arbeiten sie mit einem anderen Paar zusammen: Eine Gruppe liest die Koordinaten ihrer Zeichnung der anderen vor, die versucht, das Bild auf einem neuen karierten Blatt, ebenfalls mit x- und y-Achse versehen, zu reproduzieren. Wenn sich dabei Schwierigkeiten ergeben, sollen die Gruppen zu viert zusammenarbeiten, um herauszufinden, woran das liegt. Bei einem erneuten Durchgang tauschen die Paare die Rollen.

Gruppenquiz

Stellen Sie Partnergruppen für ein Quiz zusammen und geben Sie jedem Paar Papier und einen Bleistift. Sie sollen Begriffe aus bestimmten Kategorien niederschreiben, die mit einem bestimmten Buchstaben beginnen (z. B. berühmte Personen, deren Vor- oder Familienname mit »M« beginnt; Tiere mit »B«.)

Gruppenbilder

Jede Gruppe erhält verschiedenfarbiges Papier, außerdem Plastikformen (Kreis, Dreieck und Quadrat) sowie Scheren und Bleistifte. Jede Gruppe soll zehn Kreise, zehn Dreiecke und zehn Quadrate nachzeichnen, die Umrisse ausschneiden und mit diesen Formen ein Bild gestalten. Mit den Stiften können sie noch Einzelheiten anfügen.

Zuhören lernen

Ein Kind, das dem Unterrichtsgeschehen konzentriert folgt, verhält sich in der Regel nicht auffällig. Einige Schüler haben jedoch Schwierigkeiten, dem Lehrer zuzuhören, ihre Aufmerksamkeit wandert ständig umher. Die Spiele in diesem Abschnitt veranlassen die Kinder zum genauen Zuhören und zur Konzentration auf den Handlungsablauf. Ansonsten können Sie nicht erfolgreich teilnehmen.

Folge mir

Dieses Spiel zeigt den Kindern die Vorteile von Kooperation und Konzentration.

 ## Spielmaterial

Keine Materialien notwendig, nur eine freie Spielfläche.

 ## Spielverlauf

Die Kinder gehen schweigend auf der Spielfläche herum. Wählen Sie einen Spielführer aus, der ebenfalls umherstreift und dabei - ohne anzuhalten - einem anderen Spieler zuflüstert: »Folge mir.« Der Angesprochene soll dem Spielführer »auf dem Fuße« folgen. Das Spiel geht weiter, indem der Spielführer immer wieder einzelne Mitspieler auf die gleiche Weise zum Mitkommen auffordert. Ziel des Spiels ist, dass sich alle Spieler nacheinander ohne Zögern der Reihe anschließen, ohne dass jemand deswegen stehen bleiben muss. Die Spielerreihe muss immer zusammenbleiben.

 ## Bemerkungen

Erinnern Sie die Kinder daran, dass sie während des Spiels ganz still sein müssen; der Spielführer darf nur flüstern.

Hinter deinem Rücken

In diesem Spiel ist die Aufmerksamkeit der Kinder gefordert, denn sie müssen während der Spielhandlung wachsam sein.

 ## Spielmaterial

Keine Materialien notwendig.

 ## Spielverlauf

Die Kinder sitzen im Kreis. Ein Spieler wird ausgewählt, der in der Mitte steht. Er dreht sich immerzu um die eigene Achse und hält Ausschau nach irgendwelchen Bewegungen seiner sitzenden Mitspieler. Spieler, denen er den Rücken zukehrt, versuchen, eine Bewegung zu machen. Wen das Kind in der Mitte bei einer Bewegung überrascht, der scheidet aus und muss sich außerhalb des Kreises aufstellen. Das Spiel endet entweder nach Ablauf einer festgesetzten Zeit oder wenn nur noch ein Spieler im Kreis übrig ist. Das Kind in der Mitte kann sich einmal schnell und einmal langsam drehen, um die Wachsamkeit der anderen aufrechtzuerhalten.

 ## Bemerkungen

Wenn Ihnen das Spiel zu lang vorkommt, können Sie zwei Kinder in die Mitte stellen.

Linksherum oder rechtsherum?

Dieses Spiel erfordert Konzentration. Das Tempo kann gesteigert werden, um es noch aufregender zu machen.

Spielmaterial

Keine Materialien notwendig.

Spielverlauf

Alle Kinder bilden einen Sitzkreis. Wählen Sie einen Spielführer aus, der sich aufs rechte Knie klopft. Sein Nachbar zur Rechten nimmt die Bewegung auf und sie wandert im Gegen-Uhrzeigersinn um den Kreis. Wenn der Spielführer erneut an der Reihe ist, kann er die Bewegung verändern, indem er sich aufs linke Knie klopft. Nun muss sein Nachbar zur Linken weitermachen und die Aktion geht im Uhrzeigersinn rundherum. Wenn sich der Spielführer auf beide Knie klopft, läuft die Bewegung in beide Richtungen um den Kreis.

Bemerkungen

Die Sitznachbarn des Spielführers müssen sich bei diesem Spiel besonders gut konzentrieren. Anfangs wollen Sie vielleicht die Spielrunden kurz halten, um den Spielführer regelmäßig auswechseln zu können. Wenn die Spieler mit dieser Art des Spiels gut zurechtkommen, können Sie das Tempo erhöhen oder zwei Spielführer bestimmen.

Das Weckinstrument

Bei diesem Spiel müssen die Kinder ruhig sein und sich konzentrieren, während sie den Instrumenten lauschen.

 ## Spielmaterial

Eine Auswahl von Perkussionsinstrumenten, z. B. Maraca, Agogo, Kastagnette, Tamburin und Trommel.

 ## Spielverlauf

Demonstrieren Sie den Klang jedes Instruments und nennen Sie es dabei beim Namen. Spielen Sie es noch einmal vor, fragen Sie die Kinder, wie es heißt. Danach legen sich alle hin, schließen die Augen und tun so, als schliefen sie. Wählen Sie nun ein Instrument als »Weckinstrument« aus. Teilen Sie den Kindern den Namen mit. Spielen Sie wieder alle Instrumente nacheinander vor, die Kinder sollen auf das Weckinstrument warten und – wenn sie es erkennen – die Augen öffnen und sich aufsetzen. Machen Sie mehrere Durchgänge und wiederholen Sie dann das Ganze mit einem anderen Instrument.

 ## Bemerkungen

Falls Sie meinen, manche Kinder würden sich absichtlich bei einem falschen Instrument aufsetzen, können Sie eine Wettbewerbskomponente einführen: Wer sich bei einem falschen Klang aufrichtet, scheidet aus und beobachtet das Spiel von der Seite aus.

Leise, aber gefährlich

Dieses Spiel erfordert Schweigen und Konzentration, während die Erwartung steigt.

 ## Spielmaterial

Keine Materialien notwendig.

 ## Spielverlauf

Suchen Sie zwei Kinder aus: Eins stellt ein Mitglied, das andere den Chef der Werbebande dar. Die übrigen Spieler stehen mit geschlossenen Augen in einem weiten Kreis. Die beiden Werber befinden sich außerhalb des Kreises. Anfangs flüstert der Bandenchef dem Bandenmitglied den Namen eines der Kinder im Kreis ins Ohr. Das Bandenmitglied muss sich leise an den betreffenden Spieler anschleichen und ihm auf die Schulter klopfen. Ist das erfolgreich geschehen, so wurde der Spieler damit zu den Soldaten gepresst. Wenn allerdings das ausgesuchte Opfer den Werber herankommen hört, kann es sich schnell auf dem Boden zusammenkauern, um der Anwerbung zu entgehen. Für jeden erfolgreich gepressten Soldaten bekommt der Werber einen Punkt. Jedes Werberpaar darf einige Durchgänge spielen, bevor es ausgetauscht wird.

 ## Bemerkungen

Spielen Sie das Spiel einige Wochen lang immer wieder, damit jeder Gelegenheit bekommt, Bandenchef und -mitglied zu sein. Die von den Bandenmitgliedern erzielten Punkte können Sie dabei schriftlich festhalten.

Aktionsquiz

Um gut zu spielen, müssen die Kinder genau zuhören und sich konzentrieren.

 ## Spielmaterial

Eine Liste mit 20 - 30 vorbereiteten Fragen, die folgende Antworten erfordern: *ja, nein, eins, zwei, hoch, niedrig, richtig, falsch*. Solche Fragen wären etwa:

❏ *Haben Menschen eine grüne Hautfarbe?*
❏ *Ist die Zugspitze hoch oder niedrig?*
❏ *Ist 12 - 6 = 9 falsch oder richtig?*

Die Fragen müssen nicht schwierig sein.

 ## Spielverlauf

Erklären Sie den Kindern, dass Sie ihnen Fragen stellen werden, auf die sie in besonderer Weise antworten sollen, nämlich mit Handlungen statt mit Worten. Demonstrieren Sie die verschiedenen Aktionen, die beispielsweise so aussehen könnten:
»Ja«: zweimal in die Hände klatschen,
»nein«: sich einmal um sich selbst drehen;
»niedrig«: sich zusammenkauern und den Boden mit den Händen berühren;
»hoch«: die Arme über den Kopf strecken;
»richtig«: dreimal auf der Stelle hüpfen;
»falsch«: sich zweimal auf die Knie klopfen.

Die Spieler stellen sich im Kreis auf. Erinnern Sie sie daran, dass sie die Antworten nicht aussprechen dürfen. Lesen Sie die Fragen so schnell vor, wie die Kinder reagieren können. Gehen Sie nach dem Spiel die Fragen durch und klären Sie, ob auch alle von den Kindern verstanden werden, um sie für das nächste Mal eventuell umzuändern oder Missverständnisse zu beseitigen.

 ## Bemerkungen

Mit älteren Schülern können Sie leistungsgemischte Gruppen bilden, die für die anderen Gruppen Fragen und Antworten zusammenstellen.

Das Meer ist mein Los

In diesem Spiel müssen die Kinder aufmerksam zuhören, um auf die Stichwörter zu reagieren.

 ## Spielmaterial

Die Geschichte auf Seite 141. Sie brauchen eine große Spielfläche.

 ## Spielverlauf

Erklären Sie den Kindern, dass Sie ihnen eine Geschichte vorlesen werden, während sie im Raum umhergehen. Jedes Mal, wenn Sie »los/Los« aussprechen, müssen sich alle nach links wenden, wenn Sie »Meer/mehr« sagen, ändern alle ihre Richtung nach rechts. Sobald sich die Spieler gedreht haben, gehen sie weiter. Falls sie dabei auf ein Hindernis treffen, an dem sie nicht vorbeikommen, treten sie so lange auf der Stelle, bis sie das nächste Stichwort hören. Die Spieler verteilen sich vor dem Spiel gut im Raum, um sich möglichst wenig gegenseitig den Weg abzuschneiden. Jetzt lesen Sie die Geschichte auf Seite 141 vor.

 ## Bemerkungen

Weisen Sie die Kinder zu Beginn darauf hin, dass sie Zusammenstößen ausweichen sollen. Bevor sie auf einen Mitspieler aufprallen, müssen sie stehen bleiben und auf der Stelle treten, bis sie das nächste Reizwort hören.

Das Skirennen

Dieses Spiel macht viel Spaß und regt die Kinder zum Zuhören und Konzentrieren an.

 ## Spielmaterial

Keine Materialien notwendig, nur viel Platz zum Spielen.

 ## Spielverlauf

Die Kinder sollen sich auf der Spielfläche verteilen und so tun, als würden sie sich Skier an den Füßen festschnallen. Alle Spieler müssen auf der Stelle stehen bleiben und die von Ihnen ausgerufen Aktionen nachahmen. Als Erstes hantieren sie mit ihren Skistöcken: Sie werfen die Arme nach hinten, wie um die Skistöcke in den Schnee zu stoßen, um in flachem Gelände zu fahren. Dann gehen sie in Hockposition, wie um im Schuss einen Hügel hinunterzurasen. Wiederholen Sie diese Bewegungen zwei- bis dreimal mit den Schülern. Als Nächstes geht es darum, um eine Reihe von Stäben Slalom zu fahren. Die Spieler müssen sich in rascher Folge nach links und rechts beugen, während Sie ihnen die Anweisungen geben. Dann können Sie sie noch einige kleinere Sprünge machen lassen - sie müssen sich auf die Zehenspitzen stellen, bevor sie wieder in die Hocke gehen. Beenden Sie das Spiel mit einem großen Sprung: Dazu müssen sie sich mit geschlossenen Beinen und angelegten Armen nach vorn beugen. Wenn Sie die Anweisung zum Landen geben, sollen sie die Arme waagerecht halten und auf ein Knie gehen.

 ## Bemerkungen

Regen Sie die Kinder an, sich weitere Skiaktionen auszudenken. Sie können auch einige Freistiltricks und -sprünge beisteuern.

Komm auf den Punkt

Den Kindern wird dieses aufregende Spiel gefallen, das Konzentration und Wachsamkeit erfordert.

Spielmaterial

Ein großer Würfel und Karten mit den Zahlen 1–6. Viel Platz zum Spielen.

Spielverlauf

Legen Sie die Zahlenkarten an verschiedenen Stellen des Raums aus. Rufen Sie die Kinder in der Mitte der Spielfläche zusammen. Kündigen Sie an, dass Sie eine Fortbewegungsart ausrufen werden, z.B. hopsen, hüpfen, kriechen, springen, seitwärts oder auf den Zehenspitzen gehen. Danach werden Sie würfeln. Nun müssen sich alle Spieler so schnell wie möglich in der geforderten Fortbewegungsart zu der Zahlenkarte begeben, auf der die gewürfelte Zahl steht. Der letzte Spieler, der dort ankommt, scheidet aus. Alle anderen Spieler bleiben, wo sie sind. Der jeweils in einer Spielrunde ausgeschiedene Spieler könnte in der nächsten Runde das Würfeln übernehmen.

Bemerkungen

Bei jüngeren Schülern können Sie das Ausscheiden als Strafe für den letzten Spieler auch wegfallen lassen.

Denk auf deinen Füßen

Die Kinder müssen sich konzentrieren und sich schnell einen Begriff überlegen.

 ## Spielmaterial

Eine Schachtel mit 22 Karteikärtchen, auf denen je ein Buchstabe des Alphabets steht (außer x und y), und ein Holz- oder Plastikbaustein. Außerdem genug Platz für einen großen Kreis.

 ## Spielverlauf

Die Kinder sollen sich im Kreis aufstellen. Schreiten Sie den Kreis ab und zählen Sie die Spieler sechserweise oder in Zahleneinheiten ab, die der Gruppengröße entsprechen. Jeder Spieler soll sich seine Nummer merken. Legen Sie dann den Baustein in die Kreismitte. Erklären Sie, dass Sie eine Kategorie ausrufen werden, z. B. Blume, Zeichentrickfigur, Tier, Farbe oder Buchfigur. Dann nennen Sie eine der Zahlen, die Sie vorhin beim Abzählen verwendet haben, und zuletzt nehmen Sie eine Buchstabenkarte aus der Schachtel und lesen den Buchstaben darauf vor. Die Kinder mit der entsprechenden Zahl rennen auf den Baustein in der Mitte zu und versuchen ihn als Erster aufzuheben. Während sie auf ihn zulaufen, müssen sie sich gleichzeitig einen Begriff überlegen, der in die genannte Kategorie passt und mit dem angegebenen Buchstaben beginnt. Der Spieler, der den Baustein in die Hand bekommt, muss sofort einen passenden Begriff nennen. In diesem Fall wird er einen Punkt erhalten. Bei jedem Zögern nach dem Aufnehmen des Bausteins ist der Punkt verwirkt.

 ## Bemerkungen

Bei einer Balgerei um den Baustein können die daran Beteiligten von der nächsten Spielrunde ausgeschlossen werden.

 # Weitere Aktivitäten

Kartengruppen

Geben Sie aus einem Kartenspiel (Rommékarten) jeweils die gleiche Anzahl Karten von einer Farbe aus - bei einer Klassenstärke von 28 beispielsweise die vier Farben von der Zwei bis zur Acht. Jeder Spieler bekommt eine beliebige Karte. Rufen Sie nacheinander verschiedene Kategorien aus. Die Kinder müssen nun gegenseitig ihre Karten ansehen und versuchen, Gruppen zu bilden. Gruppen können zum Beispiel mit Karten der gleichen Farbe oder des gleichen Zahlenwerts, mit Karten, deren Wert zusammengezählt 10 ergibt, geraden und ungeraden Zahlen oder mit schwarzen und roten Karten gebildet werden.

Kartenrennen

Geben Sie eine passende Anzahl Karten aus (wie oben beschrieben), rufen Sie dieses Mal aber verschiedene Anweisungen aus, zum Beispiel: Steh auf, dreh dich um die eigene Achse und setz dich wieder hin, umrunde die Außenseite des Kreises im Uhrzeigersinn und geh wieder auf deinen Platz; steh auf und greife deine Zehen; steh auf, hüpf dreimal auf der Stelle und setz dich wieder hin. Nennen Sie zuerst die Aufgabe und dann eine Zahl. Alle Kinder mit dieser Karte führen die Anordnung so schnell wie möglich aus. Wer als Erster fertig ist, erhält einen Punkt.

Variante von Simon sagt

Dieses Spiel wird genauso gespielt wie Simon sagt, enthält aber zusätzlich ein Tabuwort, beispielsweise »hoch«, das die Spieler ignorieren müssen. Wenn Sie also anordnen: »Berührt eure Zehen, dreht euch um und legt die Hände auf eure Schultern!«, wird dies von den Kindern vollständig befolgt. Wenn Sie allerdings sagen: »Verschränkt die Arme, stellt euch auf die Zehenspitzen und schaut hoch zur Decke!« müssen sie die letzte Anweisung ignorieren, da sie das Wort »hoch« enthält. Wer die Anweisung trotzdem ausführt, scheidet aus.

Die Fantasie beflügeln

Die Spiele in diesem Abschnitt bezwecken vor allem, die Einbildungskraft der Kinder weiterzuentwickeln. Eine gute Möglichkeit zur Förderung besseren Verhaltens ist, Kinder zur vertieften Beschäftigung mit einer Aktivität anzuregen. Spiele, die auf unterhaltsame Art zum bildhaften Denken animieren, verführen die Kinder zum intensiven Mitmachen.

Ein Marsmensch kommt

Das Spiel bietet den Kindern die Gelegenheit, ihre Fantasie einzusetzen.

 ## Spielmaterial

Keine Materialien notwendig.

 ## Spielverlauf

Zur Melodie von »Dornröschen war ein schönes Kind« singen die Kinder den folgenden Text:

> 1. Strophe:
> *Ein Marsmensch kommt in unser Haus, unser Haus, unser Haus.*
> *Ein Marsmensch kommt in unser Haus, wie sieht er aus?*

> 2. Strophe:
> *Ein Marsmensch kommt in unser Haus, unser Haus, unser Haus.*
> *Ein Marsmensch kommt in unser Haus, was isst er denn?*

> 3. Strophe:
> *Ein Marsmensch kommt in unser Haus, unser Haus, unser Haus.*
> *Ein Marsmensch kommt in unser Haus, was sagt er denn?*

Rufen Sie nach der 1. und 2. Strophe Freiwillige auf, die den Marsmenschen beschreiben und berichten, was er isst. Nach der 3. Strophe können die Kinder eine von Ihnen vorgegebene Frage in einer selbst erfundenen Sprache stellen.

 ## Bemerkungen

Sie können das Spiel auch erweitern, indem Sie die Kinder ihre Vorstellungen von einem Marsmenschen aufzeichnen lassen. Einige Schüler möchten vielleicht auch eigene Strophen zu diesem Lied beisteuern.

Vorhersagen

Bei dieser Aktivität machen die Kinder Gebrauch von ihrem Wissen über die anderen, um zu versuchen, deren Antworten vorherzusagen.

Spielmaterial

Ein Zettel und ein Bleistift für jeden Schüler - bei einer kleinen Gruppe brauchen Sie vielleicht mehr als einen Zettel pro Kind.

Spielverlauf

Jeder Spieler soll sich eine oder mehrere Entscheidungsfragen (je nach der Gruppengröße) ausdenken, die sich um persönliche Vorlieben drehen. Zum Beispiel: »Magst du Brokkoli?« – »Schwimmst du gern?« – »Magst du ... (Name eines Popstars)?«

Helfen Sie Kindern weiter, denen keine geeignete Frage einfällt. Teilen Sie die Zettel aus und die Kinder schreiben ihre Fragen auf. Danach geben Sie die Zettel ab und bilden einen Kreis. Ihre Bleistifte nehmen sie mit. Mischen Sie die Zettel und legen Sie sie verdeckt in der Kreismitte ab. Bestimmen Sie einen Spieler (Spieler A), der den obersten Zettel aufdeckt, sich die Frage durchliest und das Papier an Sie weitergibt. Sie lesen die Frage allen Mitspielern vor und reichen den Zettel an Spieler A zurück, der damit zurück zu seinem Platz geht. Spieler A schaut zu seinem Nachbarn (Spieler B) und entscheidet, ob B auf die vorgelesene Frage mit »Ja« oder »Nein« antworten wird. A muss seine Voraussage auf die Rückseite des Zettels schreiben, ohne dass jemand mitlesen kann. Nun stellt A Spieler B die Frage; B muss ehrlich antworten. A gibt bekannt, ob seine Vorhersage richtig war. Mit der Aufnahme einer neuen Karte durch Spieler B beginnt eine neue Spielrunde.

Bemerkungen

Die Kinder können bereits vor dem Spiel ihre eigenen Fragen formulieren.

Komm heraus, Außerirdischer!

Hier setzen die Kinder in Partnerarbeit ihre Einbildungs- und Überzeugungskraft ein, um einen furchtsamen Außerirdischen hervorzulocken.

 ## Spielmaterial

Keine Materialien notwendig.

 ## Spielverlauf

Bilden Sie Zweiergruppen. Die beiden Schüler übernehmen es abwechselnd, einen ängstlichen Außerirdischen zu spielen. der sich auf dem Boden zu einer Kugel zusammenrollt. Sein Partner muss versuchen, ihn mit allen möglichen überzeugenden Vorschlägen aus der Deckung zu locken, zum Beispiel: etwas Leckeres zum Essen anbieten, eine Tätigkeit, die Spaß macht oder ein interessanter Gegenstand, den er ihm zeigen will. Der Spieler, der den Außerirdischen darstellt, soll sich jeden Vorschlag gut überlegen. Sobald er etwas hört, das ihm zusagt, muss er aus seiner Kauerstellung herauskommen. Geben Sie den Kindern so viel Zeit, dass jedes einige Minuten lang der Außerirdische sein kann. Bilden Sie dann einen Kreis und fragen Sie die Spieler, wie erfolgreich sie waren und mit welchen Lockangeboten sie Erfolg hatten.

 ## Bemerkungen

Fragen Sie die Kinder, ob sie bei diesem Spiel gelernt haben, was sie tun können, um andere zum Mitmachen zu bewegen. Besprechen Sie, wie sie das Spiel mit Alltagssituationen in Verbindung bringen können, z. B. wenn es sich um ein sehr schüchternes Kind handelt oder eins, das neu in der Klasse ist.

Die Sternschnuppe

Bei dieser Denkaktivität werden die Kinder dazu angeregt, etwas positiv zu sehen und sich kleine erreichbare Ziele zu setzen.

 Spielmaterial

Keine Materialien notwendig.

 Spielverlauf

Die Kinder sollen sich auf den Boden legen und die Augen schließen. Sie entspannen ihren Körper, angefangen mit dem Kopf und bis zu den Zehen. Dann sollen sie an eine Tätigkeit oder Fähigkeit denken, in der sie ihrer Meinung nach nicht gut sind. Sie denken an das Gefühl, das sie haben, wenn sie diese Tätigkeit ausführen. Nun sollen sie sich vorstellen, sie hätten eine Sternschnuppe gesehen und ihr Wunsch, etwas Bestimmtes gut zu können, sei in Erfüllung gegangen. Sie sollen sich vergegenwärtigen, welches Gefühl es ihnen geben würde, wenn sie in diesem Bereich auf einmal sehr gut wären. Nun sollen sie die Augen öffnen, ruhig aufstehen und sich zu einem Kreis formieren. Was haben die Schüler bei dieser Aktivität empfunden? Welche Gefühle wurden in ihnen ausgelöst, während sie an ihren Erfolg in einer bis dahin erfolglosen Sache dachten? Erläutern Sie ihnen, wie wichtig es ist, an unsere Stärken und unsere Gefühle zu denken, wenn wir uns mit einer Sache beschäftigen, die uns nicht viel Zuversicht einflößt. Da es keine Sternschnuppen gibt, die Wünsche erfüllen könnten, sollten wir uns in Bereichen, in denen wir uns verbessern wollen, kleine, erreichbare Ziele setzen. Besprechen Sie auch die Tatsache, dass es sich manchmal als schwierig herausstellen kann, auf bestimmten Gebieten besser zu werden, auch wenn wir es versuchen. Manchmal müssen wir eben akzeptieren, dass es Dinge gibt, die für uns immer problematisch sein werden, aber wir können sie trotzdem weiterverfolgen und uns nicht entmutigen lassen.

 Bemerkungen

Sprechen Sie mit den Kindern darüber, dass sie sich vor allem auf ihre Stärken konzentrieren und sich nicht mit anderen vergleichen sollen.

Traumhafte Belohnungen

Bei dieser Aktivität arbeiten die Kinder in Gruppen zusammen, um sich fantasievolle, motivierende Belohnungen auszudenken, die sie gern für gutes Verhalten hätten.

 ## Spielmaterial

Für jede Gruppe einen Zettel und einen Bleistift.

 ## Spielverlauf

Teilen Sie die Kinder in Fünfer- oder Sechsergruppen ein und geben Sie den Gruppen Papier und Stifte. Die Schüler sollen sich fantasievolle und motivierende Belohnungen für gutes Verhalten ausdenken, beispielsweise zum Mond fliegen, einen Tag lang auf einem Delfin durch warme Gewässer reiten oder von einer Filmfigur besucht werden. Jede Gruppe soll sich zehn solche Belohnungen überlegen und sie dann in eine Beliebtheitsreihenfolge bringen. Pro Gruppe hält ein Schreiber diese Aufzählung schriftlich fest. Wenn alle Gruppen fertig sind, versammeln sie sich im Kreis und ein Gruppenmitglied liest jeweils vor, was aufgeschrieben wurde. Sprechen Sie mit den Kindern über die Gemeinsamkeiten der Aufzählungen. Gibt es einen klaren Favoriten bei allen Gruppen? Warum glauben die Kinder, dass diese Belohnungen Wirkung zeigen würden?

 ## Bemerkungen

Sprechen Sie mit den Schülern darüber, welche Belohnungen sie in der Schule tatsächlich erhalten können. Legen Sie mit ihnen eine Aufzählung von Anerkennungen an, die innerhalb der Klasse für die Erledigung einer Aufgabe gegeben werden könnten. Lassen Sie über die beliebteste Möglichkeit und die Art, wie man sie sich verdienen kann, abstimmen. Arbeiten Sie mit der Klasse über einen vereinbarten Zeitraum hinweg darauf hin. Besprechen Sie auch, dass sich die Schüler auch ihre eigenen Belohnungen ausdenken könnten.

Ich habe deine Zahl

Dieses Spiel eignet sich gut dafür, verschiedene Gruppen zu bilden und unterschiedliche Meinungen herzustellen.

Spielmaterial

30 Zettel und 10 Bleistifte.

Spielverlauf

Jeder Spieler soll sich eine Zahl zwischen eins und zehn überlegen. Diejenigen, die eine Zahl zwischen eins und fünf gewählt haben, sollen auf eine Seite der Spielfläche gehen, die anderen auf die andere Seite. Das ergibt zwei Gruppen, die sich wiederum teilen sollen und zwar in Gruppen mit geraden und Gruppen mit ungeraden Zahlen. Ernennen Sie für jede Gruppe einen Schreiber und geben Sie ihm Zettel und Stifte. Die Gruppen sollen unter sich bereden, welchen Ort sie gern besichtigen würden. Dann sollen sie über das beliebteste Ziel abstimmen. Jeder Gruppenschreiber notiert den Ort und gibt Papier und Bleistift an Sie zurück.

Wiederholen Sie das Spiel, lassen Sie die Kinder anfangs aber eine andere Zahl aussuchen. Dieses Mal sollen die Gruppen über Geschenke sprechen, die jeder gern zum Geburtstag bekommen würde. Sie stimmen darüber ab und notieren das Ergebnis wie vorher.

Lassen Sie das Spiel ein drittes Mal spielen. Nun soll darüber diskutiert werden, welche Person aus der Gegenwart oder Vergangenheit die Kinder gern treffen würden. Nach der Abstimmung und dem Notieren auf Zetteln nehmen Sie alle Zettel zusammen und versammeln alle Spieler in einem Sitzkreis. Besprechen Sie mit ihnen die Ergebnisse der verschiedenen Gruppen und untersuchen Sie, ob es klare Favoriten dabei gibt.

Bemerkungen

Falls Sie annehmen, dass die Kinder Absprachen zur Wahl ihrer Zahlen treffen, um immer in die gleichen Gruppen zu kommen, dann erklären Sie ihnen, dass sie damit das Spiel verderben.

Wir zählen auf dich

Das ist ein Mannschaftsspiel, das zum Denken und zur gegenseitigen Unterstützung anregt.

Spielmaterial

Ein großer Würfel, ein Flipchart/eine Tafel und ein Markierstift.

Spielverlauf

Bilden Sie zwei leistungsgemischte Mannschaften, A und B. Schreiben Sie unterschiedliche Kategorien auf das Flipchart oder die Tafel, z. B. Farben, Monate, Simpson-Figuren, unterschiedliche Geschäfte, Hundezuchtrassen und Automarken. Wie groß die Bandbreite dabei ist, hängt von den Fähigkeiten und vom Alter Ihrer Klasse ab. Versuchen Sie, Sammelbegriffe mit aufzunehmen, die verschiedenste Themen abdecken, auch praktische, sodass alle Kinder Gelegenheit finden, etwas beizutragen. Wählen Sie eine Kategorie aus und würfeln Sie. Jetzt soll jemand aus Mannschaft A so viele Begriffe zur genannten Kategorie nennen, wie der Würfel Augen zeigt, also vier Augen – vier Begriffe. Suchen Sie unter denjenigen einen Kandidaten aus der Mannschaft A aus, die sich dafür melden. Die Kinder sollten sich nur zu melden, wenn sie davon überzeugt sind, richtig antworten zu können. Wenn der aufgerufene Spieler die entsprechenden Begriffe aufzählt, erzielt er damit einen Punkt für seine Mannschaft. Falls er aber nicht die korrekte Anzahl von Begriffen nennen kann, darf ein Spieler der gegnerischen Mannschaft antworten und erhält an seiner Stelle den Punkt. Wiederholen Sie den Vorgang mit Mannschaft B. Das Spiel geht so lange, bis alle Kategorien behandelt wurden.

Bemerkungen

Beim Aufrufen der Kinder können Sie gezielt vorgehen. Wenn Sie zum Beispiel eine niedrige Zahl würfeln, können Sie unter den Schülern, die sich melden, einen weniger selbstsicheren auswählen. Möglicherweise sollten Sie vorher die Klassen- oder Gruppenregeln wiederholen, damit gewährleistet ist, dass nicht zu sehr gewetteifert wird.

Wir spielen Schule

Dieses Rollenspiel fördert die Diskussion in der Gruppe und bringt die Schüler zum Nachdenken.

 ## Spielmaterial

Keine Materialien notwendig.

 ## Spielverlauf

Teilen Sie die Kinder in Gruppen von bis zu sechs Mitgliedern ein. Die Schüler sollten sich vorstellen, Figuren in einem Stück über die Schule zu sein. Jeder soll sich überlegen, welche Figur er darstellen möchte und der Gruppe die Gründe für diese Entscheidung mitteilen. Nachdem jede Gruppe vereinbart hat, welche Rollen ihre Mitglieder spielen werden, übt jeder Spieler ein oder zwei passende Sätze ein, die zeigen sollten, welche Aufgabe oder Rolle die Figur innerhalb der Schule hat. Beispielsweise könnte der Hausmeister sagen, er müsse darauf achten, dass das Gebäude nachts verschlossen sei und die Heizung bei kaltem Wetter laufe. Dann kommen alle Gruppen zu einem Kreis zusammen und tragen freiwillig ihre kurzen Rollentexte vor. Die Spieler können mit der eigenen Stimme sprechen oder eine für ihre Figur erfinden. Die Kinder der anderen Gruppe erraten, wer dargestellt wird.

 ## Bemerkungen

Sie können die Rollen, die sich jeder Schüler gewählt hat, auch vergleichen und besprechen, ob es in allen Gruppen ähnliche Figuren gegeben hat. Wenn ja, warum wurden sie ausgesucht?

Die Schule erhalten

Die Kinder überlegen gemeinsam, um begründete Argumente zu formulieren.

 ## Spielmaterial

Für jede Gruppe ein Blatt Papier und einen Bleistift.

 ## Spielverlauf

Teilen Sie die Kinder in kleine leistungsgemischte Gruppen ein und geben Sie jeder Gruppe Papier und Bleistift. Erzählen Sie nun Folgendes:

> *Ein sehr reicher, geiziger Geschäftsmann, der neben der Schule wohnt, will das Schulgebäude beseitigen lassen, weil es ihm die Aussicht verstellt. Er hat die meisten Mitglieder des Stadtrats (oder Gemeinderats) bestochen, sodass dieser den Beschluss gefasst hat, die Schule niederreißen zu lassen. Alle Schüler und Lehrer werden irgendwohin versetzt. Der einzige Mensch, auf den der Geschäftsmann hört, ist seine Frau. Diese könnte man überreden, mit ihrem Mann darüber zu sprechen.*

Die Kinder müssen sich in ihren Gruppen so viele Gründe wie möglich für einen Erhalt der Schule überlegen. Ernennen Sie für jede Gruppe einen Schreiber, der die Begründungen notiert. Rufen Sie die Gruppen nach zehn Minuten zusammen und lassen Sie sie ihre Ergebnisse vorlesen. Womöglich können sie eine »Frau des Geschäftsmanns« organisieren, die sich die Argumente anhört.

 ## Bemerkungen

Lassen Sie die Schüler spontan schreiben, ohne Hinweise auf die Gründe zu geben.
Falls ihnen allerdings selbst keine einfallen, können Sie ihnen als Alternative einige Denkanstöße in Bezug auf die breiteren Auswirkungen der Situation geben - zum Beispiel auf ihre Eltern, auf die Kommune usw.

Die Fantasie beflügeln

Auf die Leiter!

Hier dürfen die Kinder eigene Kriterien für Belohnungen im Unterricht auswählen.

 Spielmaterial

Für jede Gruppe einen Zettel und einen Bleistift.

 Spielverlauf

Teilen Sie die Kinder in leistungsgemischte Fünfer- oder Sechsergruppen ein. Jede Gruppe soll sich sechs erreichbare Gruppenziele ausdenken. Bestimmen Sie für jede Gruppe einen Schreiber. Er zeichnet auf den Zettel eine große Leiter mit fünf Sprossen. Sobald eine Gruppe ihre sechs Ziele festgelegt hat, soll sie sie nach ihrer Schwierigkeit ordnen. Die Ziele werden dann zwischen die Leitersprossen geschrieben, das am leichtesten zu erreichende unter die unterste Sprosse, das schwierigste unter die oberste Sprosse.

Die Kinder versuchen, diese Aufgabe ganz ohne Ihre Hilfe durchzuführen. Wenn ihnen jedoch die Ideen ausgehen, können Sie ihnen mit folgenden Vorschlägen helfen: vor jeder Unterrichtsstunde einen gespitzten Bleistift bereithalten, den Platz auf und unter dem eigenen Tisch sauber halten, ruhig in die Pause gehen, still auf dem Platz sitzen bleiben. Nach einer Viertelstunde setzen sich alle Schüler in einen Kreis und lesen sich die Gruppenziele vor.

 Bemerkungen

Die Kinder können die meistgenannten Ziele verschiedener Schwierigkeitsgrade aller Gruppen zusammennehmen und damit eine Leiter von Klassenzielen gestalten, die ausgehängt wird. Wenn diese Ziele nicht deutlich werden, kann auch über die Aufnahme als Klassenziel abstimmt werden. Vereinbaren Sie mit den Schülern einen Zeitraum für das erste Ziel, sodass Sie ihre Fortschritte im Auge behalten können. Vielleicht wollen Sie gemeinsam mit den Schülern erarbeiten, welche Belohnungen mit dem Erreichen welcher Ziele verknüpft werden könnten.

Wer hat Gutes bewirkt?

Die Kinder denken über die Eigenschaften »guter« Menschen nach und erkunden, welche Persönlichkeiten auf das Weltgeschehen einen positiven Einfluss hatten.

 ## Spielmaterial

Genügend Papier und Stifte für alle Gruppen.

 ## Spielverlauf

Teilen Sie die Kinder in Dreiergruppen ein und lassen Sie sie einen Gruppenschreiber und einen Sprecher wählen. Jede Gruppe soll sich eine Persönlichkeit aus Gegenwart oder Geschichte überlegen, die ihrer Ansicht nach ein guter Mensch ist bzw. war. Die Schüler sollen auch darüber nachdenken, warum sie diese Person für gut halten.

Im Kreis liest jeder Gruppensprecher vor, welche Persönlichkeit seine Gruppe gewählt hat und warum. Das kann zu sehr interessanten Diskussionen darüber führen, welche Eigenschaften einen »guten« Menschen ausmachen.

 ## Bemerkungen

Die Klasse könnte einen Aushang zu den ausgewählten Persönlichkeiten zusammenstellen. Eine weitere Möglichkeit ist, die Schüler mehr über das Leben dieser Menschen herausfinden zu lassen.

Weitere Aktivitäten

Denkblasen

Zeichnen Sie große Denkblasen für eine Pinnwand. Die Schüler sollen etwas, das sie an der Schule schätzen, hineinschreiben oder -zeichnen.

Gutes Verhalten

Fragen Sie die Kinder nach den Regeln guten schulischen Verhaltens, wie etwa ruhig sitzen, hilfsbereit sein und sich anstrengen. Schreiben Sie die Vorschläge mit kräftigen Farben auf einen großen Bogen Tonpapier, den Sie als Teil der Klassen - oder Gruppenregeln gut sichtbar aushängen sollten.

Symbole für gutes Verhalten

Fordern Sie die Schüler auf, sich Symbole als Kommentar für gutes Verhalten auszudenken, zum Beispiel Daumen nach oben oder ein lachendes Gesicht. Zeichnen Sie jedes Symbol auf eine eigene Karte. Hängen Sie jede Woche eine andere Karte auf und schreiben Sie die Schülernamen neben das Symbol, deren gutes Verhalten sie anerkennen möchten.

Verhaltenszielbilder

Lassen Sie die Kinder Ideen für Bilder zum schriftlichen Festhalten von Gruppenzielen sammeln, etwa eine Leiter oder eine Krake. Wenn mehrere Vorschläge aufgezeichnet sind, darf sich jeder Schüler eins der Bilder aussuchen und auf ein Blatt Papier zeichnen. Dann soll er sich bis zu acht erreichbare Verhaltensziele überlegen und in das Bild eintragen. Einige davon sollten leicht zu bewältigen sein, beispielsweise beim Aufstehen den Stuhl unter den Tisch schieben.

Das habe ich gut gemacht

Lassen Sie ein Sprechding, z. B. ein bemaltes Ei, im Kreis herumgehen. Jedes Kind soll den Teilsatz: »Das habe ich diese Woche gut gemacht: …« vervollständigen.

Die Fantasie beflügeln

Aktionsreiche Spiele

Überschüssige Energien kontrolliert abzubauen ist wesentlich für die Förderung guten Verhaltens. Unruhige Kinder haben Schwierigkeiten, sich zu konzentrieren und bei den Aufgaben zu bleiben, die gerade zu bearbeiten sind. Die Spiele in diesem Abschnitt sind lebhaft und fesselnd und eignen sich ideal dafür, Vergnügen und Unterhaltung in der Gruppe zu fördern.

Durch eine Bresche schlüpfen

Dieses schnelle Spiel erfordert Konzentration.

 ## Spielmaterial

Keine Materialien notwendig. Sie brauchen jedoch eine große Spielfläche.

 ## Spielverlauf

Die Kinder sollen in einer diagonalen Reihe von einer Zimmerecke zur anderen eine Wand bilden. Zwischen den einzelnen Spielern bleiben Lücken. Wählen Sie zwei Spieler aus, die jeweils an einer Seite der Wand stehen. Das Ziel des Spiels ist, dass sich beide Kinder auf einer Seite treffen. Um dieses Ziel zu erreichen, versuchen sie, zwischen einer der Lücken durchzuschlüpfen. Die »Wand« dürfen sie dabei weder berühren noch mit Gewalt durchbrechen. Sobald sich eine Lücke vor ihnen schließt, müssen sie es an einer anderen Stelle von Neuem versuchen. Die beiden Spieler, die zusammenkommen wollen, können dabei kooperieren: Derjenige, der seine aufgereihten Mitschüler anblickt, lenkt sie ab, während der andere versucht, unbeobachtet durch eine Bresche zu schlüpfen. Die Kinder in der Wand dürfen sich bewegen, um die Lücken zu schließen, sie dürfen sich aber nicht an den Händen fassen. Geben Sie jedem Paar etwa eine Minute Zeit, bevor sie es auswechseln.

 ## Bemerkungen

Zwar ist das Spiel hauptsächlich zur körperlichen Betätigung gedacht, es kann aber auch als Einleitung für ein Gespräch über die Frustration dienen, wenn man an dem, was man tun will, gehindert wird. Fragen Sie die Kinder nach Gelegenheiten in der Schule, bei denen dies der Fall ist. Die Schüler sollen zunächst darüber nachdenken, wie man sich in dieser Situation unangemessen verhält, wie wenn man beispielsweise die Fassung verliert und unakzeptable Dinge sagt oder auf andere losgeht. Erörtern Sie mit den Kindern, wie solche Handlungen wahrscheinlich enden. Leiten Sie sie an, akzeptablere Reaktionen zu erkunden, wie etwa ein Problem besprechen, über eine Lösung verhandeln und ruhig bleiben.

Jagd auf den Stuhl

Das ist ein schnelles, aktives Spiel, das den Kindern Spaß macht.

 ## Spielmaterial

Ein Stuhlkreis und für jedes Kind eine Zahlenkarte.

 ## Spielverlauf

Die Schüler sollen ihre Stühle im Kreis aufstellen und sich setzen. Geben Sie jedem Spieler eine Zahlenkarte, die er sich ansieht, ohne sie seinen Mitspielern zu zeigen. Jeder soll sich seine Zahl merken. Die Karten werden wieder eingesammelt. Wählen Sie einen Spieler aus, der anfängt. Dazu wird sein Stuhl aus dem Kreis entfernt und er steht auf der Leerstelle. Der erste Spieler ruft zwei der verteilten Zahlen. Die Spieler mit diesen Zahlen müssen versuchen, die Plätze zu wechseln, während das stehende Kind versucht, sich auf einen der freigewordenen Stühle zu setzen. Der Spieler, der am Ende keinen Stuhl mehr hat, stellt sich in die Lücke und ruft die nächsten beiden Zahlen auf. So geht das Spiel weiter.

 ## Bemerkungen

Wenn ein Ausrufer nach drei Durchgängen noch keinen freien Stuhl erwischt hat, sollte er ausgewechselt werden.

Verlier nicht den Kopf

Bei diesem Spiel wird die körperliche Aktivität kontrolliert und mit Konzentration kombiniert.

Spielmaterial

Ein Spielsäckchen pro Kind. Genügend Freiraum, um sich zu bewegen.

Spielverlauf

Erklären Sie den Kindern, dass sie sich in diesem Spiel wirklich gut konzentrieren müssen, denn sie sollen Bewegungen ausführen, während sie die ganze Zeit über ein Spielsäckchen auf dem Kopf balancieren. Geben Sie den Spielern nacheinander die Anweisung zu gehen, zu hopsen, zu hüpfen und zu springen. Dabei versuchen sie, das Spielsäckchen auf dem Kopf zu behalten, ohne es festzuhalten. Gestalten Sie die Aufgaben allmählich immer anspruchsvoller, etwa: *Setzt euch hin und steht auf, dreht euch auf der Stelle einmal um euch selbst usw.*

Bemerkungen

Dieses Spiel kann von Partnern oder Gruppen durchgeführt werden. Dabei stoppen die Spieler gegenseitig die Zeit, in der sie das Spielsäckchen auf dem Kopf behalten können. Es kann ratsam sein, dafür eine Höchstzeit festzulegen.

Wettspiele mit dem Ball

Das ist ein schnelles Wettspiel, das den Kindern Spaß macht.

Spielmaterial

Zwei Bälle und genügend Platz für zwei Spielerkreise.

Spielverlauf

Teilen Sie die Spieler in zwei Mannschaften ein. Jede Mannschaft soll einen Kreis bilden.

Im ersten Wettspiel reicht jede Mannschaft das Spielsäckchen von Spieler zu Spieler weiter. Sobald es beim ersten Spieler der Runde wieder angelangt ist, hält dieser ihn hoch über den Kopf. Im zweiten Wettspiel geben die Kinder den Ball hinter ihrem Rücken durch. Das Spiel endet wie das erste.

Beim dritten Spiel wird pro Mannschaft ein Spieler ausgesucht, der in der Mitte des Kreises steht und jedem Mitglied seiner Mannschaft den Ball der Reihe nach zuwirft. Wenn der Fänger den Ball fallen lässt, muss der Spieler in der Mitte ihn aufheben und dem gleichen Spieler wieder zuwerfen. Falls der Fänger den Ball ein zweites Mal fallen lässt, hebt ihn der Spieler in der Mitte wieder auf und wirft ihn zum nächsten Spieler. Wenn der Fänger den Ball fängt, wirft er ihn in die Mitte zurück.

Beim letzten Wettspiel stehen die Spieler jeder Mannschaft mit gespreizten Beinen und dem Blick nach vorn in einer Reihe hintereinander. Der vorderste Spieler reicht den Ball durch die eigenen Beine hindurch zum nächsten Spieler. Sobald der Ball den hintersten Spieler erreicht, wird er von diesem über die Schulter zu dem Spieler vor ihm weitergegeben. Auf diese Weise wandert der Ball wieder nach vorn. Sieger ist die Mannschaft, deren Ball am schnellsten wieder beim vordersten Spieler angelangt ist.

Bemerkungen

Geben Sie jüngeren Schülern etwas Zeit, die schwierigeren Würfe einzuüben, bevor sie mit dem Wettspiel beginnen.

Partnersuche

Die Kinder haben ihre Freude an diesem schnellen, aktiven Spiel.

 ## Spielmaterial

Keine Materialien notwendig. Sie brauchen jedoch viel Platz zum Spielen. Dieses Spiel erfordert allerdings eine ungerade Spielerzahl.

 ## Spielverlauf

Suchen Sie ein Kind aus, das zu Anfang des Spiels allein ist. Bilden Sie mit den übrigen Spielern zufällig ausgewählte Zweiergruppen. Nennen Sie Fortbewegungsarten, die von den Paaren befolgt werden sollen, z. B. *hopsen, hüpfen, springen, auf den Zehenspitzen gehen*. Nach einigen Kommandos rufen Sie »Alle wechseln!« Wenn die Kinder das hören, müssen sie sich von ihrem Partner trennen und sich einen neuen suchen. Während alle wechseln, sollte das einzeln stehende Kind für sich einen Partner finden, sodass in der nächsten Runde ein anderer Spieler allein dasteht. Auf diese Weise geht das Spiel weiter. Wer von einem anderen Spieler mit der Hand berührt wird, muss in der nächsten Runde dessen Partner sein.

 ## Bemerkungen

Jedes Kind hält die Verabredung ein, der Partner eines Mitspielers zu werden, wenn er von ihm angefasst wird.

Gesagt ist nicht getan

Dieses Spiel eignet sich gut als Gedächtnistraining und für Körperübungen.

 Spielmaterial

Keine Materialien notwendig.

 Spielverlauf

Bilden Sie Partnergruppen. Erklären Sie den Kindern, dass sie ihren Partnern eine bestimmte Handlung vorführen, aber zur gleichen Zeit eine andere Handlung nennen werden. Sie können sich beispielsweise bücken und ihre Zehen greifen, während sie sagen: »Ich hüpfe dreimal auf der Stelle.« Ihr Partner muss zuhören, was sie sagen, und das Gesagte ausführen, gleichzeitig aber etwas anderes sagen, z. B.: »Ich klatsche viermal in die Hände.« Lassen Sie die Paare eine solche Abfolge eine Zeitlang einüben. Wenn alle Spieler sicher wissen, was zu tun ist, können sie anfangen zu spielen und später ihre Ergebnisse vortragen.

 Bemerkungen

Möglicherweise begreifen die Kinder die Spielregel nur schwer. Dann ist es hilfreich, das Spiel mit einer erwachsenen Person oder einem Kind vorzumachen. Wenn die Klasse dann verstanden hat, wie es geht, wird sie sich die Spieltechnik schnell aneignen.

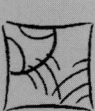

Ein Softball-Sandwich

Das ist ein aktives Spiel, das Konzentration und Zusammenarbeit der Partner erfordert.

Spielmaterial

Ein großer Ball für jede Zweiergruppe. Genügend Spielfläche, um sich zu bewegen.

Spielverlauf

Kinder mit annähernd gleicher Körpergröße bilden Paare. Jede Zweiergruppe erhält einen Ball, den beide Partner ruhig halten sollen. Zu Beginn des Spiels müssen sie den Ball zwischen ihren Händen halten, so als ob er eine Sandwich-füllung wäre: Die rechte Hand eines Partners drückt von oben und die linke Hand des anderen Partners von unten gegen den Ball. In dieser Haltung führen die Paare solche Anweisungen aus wie:

- ❐ *Kniet nieder.*
- ❐ *Springt bei »drei« einmal in die Höhe.*
- ❐ *Steht auf einem Fuß.*

Das Paar, das den Ball dabei fallen lässt, scheidet aus. Es setzt sich hin und hält den Ball fest. Das Spiel ist zu Ende, wenn entweder nur ein Paar übrig bleibt oder eine vereinbarte Spielzeit verstrichen ist.

Bemerkungen

Für Gruppen, die in diesem Spiel große Geschicklichkeit erlangen, können Sie Hindernisse aufstellen. Das Spiel kann dann nur zum Spaß, ohne das Wett-bewerbselement, durchgeführt werden. Ein ähnlich unterhaltsames Spiel ist, einen kleinen Ball in einer Reihe von Spielern von Kinn zu Kinn weiterzugeben.

Die Maus, der Baum und der Wind

Bei diesem Spiel müssen die Kinder konzentriert auf Stichwörter in einer Geschichte lauschen, die bestimmte Aktionen verlangen.

 ## Spielmaterial

Die Geschichte auf Seite 142 (eventuell als Kopie). Eine große Spielfläche, um sich zu bewegen.

 ## Spielverlauf

Erklären Sie den Kindern, dass Sie ihnen einen kurze Geschichte mit bestimmten Stichwörtern vorlesen werden. Wenn sie diese Wörter hören, müssen sie bestimmte Aktionen vollführen:

- ❏ *Wenn sie »Maus« hören, müssen sie sich zusammenkauern;*
- ❏ *wenn sie »Baum« hören, müssen sie sich hochrecken und*
- ❏ *wenn sie »Wind« hören, müssen sie sich auf einem Fuß einmal um sich selbst drehen.*

Lesen Sie nun die Geschichte auf Seite 142 vor.

 ## Bemerkungen

Das Spiel ist nicht so leicht, wie es klingt. Sobald die Kinder den richtigen Dreh herausgefunden haben, können sie selbst Geschichten dafür verfassen.

Pferderennen

Für einen Erfolg bei diesem Spiel müssen sich die Kinder konzentrieren und zusammenarbeiten.

 Spielmaterial

Keine Materialien notwendig. Das Spiel wird am besten auf einer Wiese gespielt.

 Spielverlauf

Die Kinder bilden Paare, weil sie zu zweit ein Pferd spielen sollen.
Der erste Spieler steht aufrecht und stellt die vordere Hälfte dar, der hintere Spieler beugt sich nach vorn und umfasst die Hüfte seines Partners und stellt auf diese Weise die hintere Hälfte dar. Geben Sie den Partnern Zeit zum Üben, sodass jedes Kind die beiden Positionen ausprobieren kann und die Paare feststellen können, mit welcher Kombination sie am besten zurechtkommen. Durch Übung lernen die Kinder, sich gut miteinander zu bewegen. Sie können die Aktivität hier beenden; wenn Sie aber meinen, die Partnergruppen beherrschen die Fortbewegung auf diese Art, können Sie Rennen abhalten lassen, um das »Siegerpferd« zu finden (vorzugsweise draußen im Grünen, für den Fall, dass es Karambolagen gibt). Die Rennstrecken können flach sein oder niedrige Hindernisse aus Holzbausteinen oder Ähnlichem haben.

 Bemerkungen

Weisen Sie die Kinder vor dem Spielen darauf hin, dass das vordere Kind nicht zu schnell rennen darf, um seinen Partner nicht umzureißen.

Nimm deinen Partner

Bei diesem Spiel müssen die Kinder gut aufpassen und schnell denken
und sich bewegen.

 Spielmaterial

Ein Ball. Eine große Fläche wie die Eingangshalle oder den Pausenhof. Für dieses
Spiel ist eine gerade Spielerzahl erforderlich.

 Spielverlauf

Weisen Sie den Spielern doppelt Nummern zu, sodass Paare entstehen. (Wenn
Sie also 30 Schüler haben, nummerieren Sie sie zweimal von 1–15.) Die Kinder
sollen sich in der Mitte der Spielfläche durcheinander aufstellen. Geben Sie
Anweisungen wie:

❐ *Werft einander zehnmal einen Ball zu.*
❐ *Holt euch einen Ball von einer Seite der
    Spielfläche und bringt ihn eurem Partner, der
    ihn dann zurückträgt.*
❐ *Lauft gemeinsam einmal im Kreis um das
    Zimmer/um die Spielfläche.*

Rufen Sie sofort nach der jeweiligen Tätigkeit zwei Nummern aus. Die beiden
Spieler mit dieser Nummer müssen sich schnell zusammenfinden, während die
übrigen Spieler still stehen. Dann führt das Paar die geforderte Tätigkeit aus. Das
Paar, das als Erstes fertig wird, darf die nächste Aktivität wählen.

 Bemerkungen

Sie können die Kinder selbst Ideen zum Spielverlauf sammeln lassen.

Weitere Aktivitäten

Mannschaftsslalom

Errichten Sie zwei Slalomstrecken mit je sechs weit auseinanderliegenden Hindernissen in einer Reihe. Teilen Sie die Kinder in zwei Mannschaften ein. Jedes Team stellt sich in einer festgelegten Entfernung vom ersten Hindernis in einer Reihe auf. Auf Ihr Kommando läuft jeweils der vorderste Spieler um die Hindernisse auf seiner Strecke herum. Hinter dem letzten kehrt er um und läuft in Schlangenlinien zurück. Wenn die ersten Spieler zurück in der Reihe sind, können die nächsten loslaufen. Sieger ist die schnellste Mannschaft.

Mannschaftsrennen

Teilen Sie die Kinder in zwei bis vier Mannschaften ein. Jedes Team hat einen großen Ball oder Luftballon und stellt sich an einem Ende der Spielfläche in einer Reihe hintereinander auf. Der vorderste Spieler muss - mit dem Ball zwischen den Beinen – so schnell wie möglich zum anderen Ende der Spielfläche und wieder zurück laufen. Dabei darf der Ball nicht mit den Händen festgehalten werden. Sieger ist die schnellste Mannschaft.

Der Troll und die Ziegenböcke

Wählen Sie ein Kind aus, das den Troll spielt. Dazu stellt es sich in der Mitte des Raums auf. Die übrigen Spieler stehen an einem Ende der Spielfläche und rufen: »Troll, Troll, dürfen wir über die Brücke?« Der Troll antwortet: »Nur, wenn ihr den Buchstaben . . . im Namen habt.« Alle Spieler mit dem genannten Buchstaben im Namen können am Troll vorbei sicher zum anderen Ende des Raums gehen. Wenn sie dort angekommen sind, müssen es die restlichen Spieler in einem Ansturm versuchen. Währenddessen versucht der Troll, so viele wie möglich zu fangen, bevor sie die andere Seite erreichen. Die gefangenen Kinder sitzen entweder bis zum Ende des Spiels abseits oder müssen dem Troll helfen, je nachdem, wie Sie es am Anfang des Spiels bestimmt haben. Das Spiel geht so lange weiter, bis nur noch ein Spieler übrig ist. Dieser Spieler wird der nächste Troll.

Spiele zum Ruhigwerden

Die Spiele in diesem Abschnitt können herangezogen werden, wenn die Kinder unruhig oder hyperaktiv sind. Die Aktivitäten, gefolgt von Entspannung, wird den Kindern dabei helfen, aufgestaute Energien loszuwerden, sodass sie sich wieder auf das Lernen konzentrieren können.

Marsch, Marsch

Bei diesem Spiel verbrauchen die Kinder ihre überschüssigen Energien. Dann verlangsamt sich das Tempo, sodass Geist und Körper ausruhen können.

 ## Spielmaterial

Keine Materialien notwendig. Sie brauchen sehr viel Platz zum Spielen.

 ## Spielverlauf

Zeigen Sie, wie zu dem folgenden Marschlied marschiert wird. Üben Sie die Bewegungen mit den Schülern ein und wiederholen Sie dabei jede Zeile mit ihnen, bevor Sie zur nächsten übergehen. Sobald ihnen der Rhythmus geläufig ist, sollen sie sich alle mit derselben Blickrichtung in einer Reihe hintereinander aufstellen und so viel Abstand zueinander lassen, dass sich jeder frei bewegen kann. Nehmen Sie nun Ihre Position an der Spitze ein und führen Sie die Kinder in flottem Marschschritt an. Erklären Sie, dass alle im Rhythmus mit dem Liedtext marschieren sollen. Singen Sie gemeinsam mit den Kindern. Behalten Sie das rasche Tempo bei.

> *Mit Schritt und Tritt marschieren wir*
> *und wir zählen: zwei, drei, vier.*
> *Beim Gehn wollen wir die Arme schwingen*
> *und nichts reden, sondern singen.*
> *Zu jedem festen, schnellen Schritt*
> *singen wir dies Lied hier mit.*
> *Nur nach vorn geht unser Blick:*
> *nicht rechts, nicht links und nicht zurück.*

 ## Bemerkungen

Wenn die Kinder das gemeinsame Marschieren beherrschen, können Sie durch Variieren der Geschwindigkeit ein Überraschungsmoment einführen.

Schnell und langsam

Bei diesem Spiel folgen der körperlichen Anstrengung langsame, beruhigende Bewegungen, um die Unruhe der Kinder einzudämmen.

 Spielmaterial

Keine Materialien notwendig. Sie brauchen sehr viel Platz zum Spielen.

 Spielverlauf

Die Kinder sollen sich in einer Reihe mit Blick zu Ihnen aufstellen. Machen Sie eine Reihe von Aerobic-Übungen mit ihnen. Dazu könnten folgende Bewegungen gehören: auf der Stelle gehen, auf der Stelle hüpfen, Hampelmannsprünge, Arme strecken usw. Fangen Sie mit gemäßigtem Tempo an und werden Sie immer schneller, um die Spannung zu steigern, und wechseln Sie sehr oft die Übungen, um zu sehen, welche Kinder mit Ihnen mithalten können.

Wenn die Schüler ermüden, können Sie zu langsameren, bedachteren Bewegungen übergehen, um wieder Ruhe einkehren zu lassen, zum Beispiel: sich langsam hinknien, die Arme um die Knie schlingen und den Kopf auf die Arme legen.

 Bemerkungen

Die Übungen können auch im Klassenzimmer stattfinden, wenn die Kinder in einer Stunde einen Energieschub benötigen. Die Schüler stehen dabei in der Nähe ihres Platzes. Sie müssen die Übungen allerdings überlegt auswählen, um dem kleineren Aktionsradius Rechnung zu tragen. Wenn die Kinder verstanden haben, dass es um den Übergang von raschen zu ruhigeren Aktionen geht, können sie sich selbst Bewegungsfolgen für die ganze Klasse ausdenken.

Kampf mit dem Marshmallow

Bei diesem Spiel können die Kinder sehr gut Dampf ablassen und aufgestaute Aggressionen abbauen.

 ## Spielmaterial

Ein CD-Spieler und laute, dramatische Musik wie die »Ouverture solennelle 1812« von Tschaikowsky und ein ruhigeres Stück, beispielsweise »Morgenstimmung« aus »Peer Gynt« von Grieg. Außerdem eine große Spielfläche.

 ## Spielverlauf

Die Kinder sollen sich so im Raum verteilen, dass sie genügend Bewegungs-spielraum haben, ohne jemandem in die Quere zu kommen. Erklären Sie, die Spieler sollen sich vorstellen, von einem riesigen Marshmallow angegriffen zu werden. Sie spielen, wie sie es abwehren. Das tun sie auf ihrem Platz, ohne sich von der Stelle zu bewegen. Schließlich aber wird das Marshmallow jeden von ihnen überwältigen. Wenn das mit ihnen geschieht, stellen sie fest, dass sich das für sie überraschend angenehm anfühlt. Sie spielen, wie sie zufrieden in seine weiche, dichte Masse eintauchen und wie sich alle ihre Glieder und ihr Geist entspannen, während sie sich im sanften Griff des Marshmallows wiegen. Begleiten Sie die Bewegungen der Kinder mit Ausschnitten zweier verschiedener Musikstücke. Spielen Sie das dramatische Stück ab, wenn die Kinder mit dem Marshmallow ringen und das ruhigere, um die Handlungen zu einem friedlichen Ende zu bringen.

 ## Bemerkungen

Sagen Sie den Kindern, dass dieses Spiel nur in Ihrer Anwesenheit und mit Musik gespielt werden darf.

Gespannte und entspannte Feder

Dieses Spiel eignet sich gut dafür, Spannungen kontrolliert abzubauen.

 ## Spielmaterial

Keine Materialien notwendig. Es ist sehr viel Bewegungsspielraum nötig.

 ## Spielverlauf

Die Kinder sollen sich auf den Rücken legen und dann zu einem festen Ball zusammenrollen, dabei den Körper anspannen. Leiten Sie sie nun an, Körperteil für Körperteil wieder zu lockern. Jedes Körperteil kann, während es genannt wird, hochschnellen und einige Male hin- und herpendeln, bevor es auf dem Boden zur Ruhe kommt. Wenn dann alle Glieder locker und die Kinder ganz entspannt sind, kehren Sie den Vorgang um, bis alle wieder zu einem festen Ball zusammengerollt daliegen. Lockern Sie anschließend die Spannung wieder auf die gleiche Art wie eingangs beschrieben.

 ## Bemerkungen

Sie können auch versuchen, die Kinder alle Körperteile gleichzeitig in einer gewaltigen Energiewelle lockern zu lassen.

Worte in Bewegungen verwandeln

Dieses Spiel führt die Kinder durch eine Reihe schneller und langsamer Bewegungen, um zunächst ihre überschüssigen Energien abzubauen und sie dann ruhig werden zu lassen.

 ## Spielmaterial

Keine Materialien notwendig. Sie brauchen sehr viel Platz zum Spielen.

 ## Spielverlauf

Erklären Sie, dass Sie verschiedene Kinder zum Vorspielen aufrufen werden. Sie nennen bestimmte Personen und die Spieler müssen diese Leute durch ihre Bewegungen darstellen. Die ersten Personen, die Sie erwähnen, sollten Menschen sein, die sich schnell bewegen. Langsam können Sie dann das Tempo verringern und endlich stoppen. Probieren Sie folgende Ideen aus:

- ❒ Ein Sprinter – läuft schnell.
- ❒ Ein Marathonläufer – läuft etwas langsamer.
- ❒ Ein Langstreckengeher – marschiert rasch.
- ❒ Ein Bergsteiger – geht mühsam und langsam.
- ❒ Ein Seiltänzer – macht langsame, abgemessene Schritte.
- ❒ Ein Astronaut auf dem Mond – macht sehr langsame, übertriebene Bewegungen.
- ❒ Ein Polizist vor einem Regierungsgebäude – steht gerade und bewegungslos da.

Wenn die Spieler diese Bewegungen beherrschen, können Sie die Personen in beliebiger Reihenfolge ausrufen, die Tendenz sollte aber immer von der schnellen über die langsame Bewegung bis zum Stehen gehen.

 ## Bemerkungen

Die Kinder können diese Beispiele durch selbst ausgedachte ersetzen oder ergänzen.

Keine Panik!

Das ist ein amüsantes Spiel, das auf Kinder beruhigend wirkt.

 Spielmaterial

Keine Materialien notwendig. Sie brauchen sehr viel Platz zum Spielen.

 Spielverlauf

Die Kinder sollen sich auf der Spielfläche verteilen. Wählen Sie zwei Spieler aus: Einer ist der »Unruhestifter«, einer der »Ruhestifter«. Die übrigen Spieler sollen normal hin- und hergehen und dabei versuchen, dem Unruhestifter aus dem Weg zu gehen. Der Unruhestifter bewegt sich schnell und greift nach so vielen Kindern wie möglich. Alle, die er erwischt hat, müssen sich von da an taumelnd und ruckartig fortbewegen. Währenddessen versucht der Ruhestifter, so viele verwandelte Kinder wie möglich an der Schulter zu berühren, sodass sie sich wieder ruhig und gleichmäßig bewegen können. Lassen Sie das Spiel zwei Minuten laufen und überprüfen Sie dann, wie viele Kinder noch unter dem Einfluss des Unruhestifters stehen. Gratulieren Sie beiden »Stiftern« zu ihren Erfolgen. Dann beginnt eine neue Spielrunde mit einem neuen Unruhestifter und Ruhestifter.

 Bemerkungen

Sagen Sie den Kindern sehr deutlich, dass sie ihre Bewegungen einstellen müssen, sobald sie vom Ruhestifter berührt werden. Dieses Spiel kann auch als Einführung zu einem Gespräch über Möglichkeiten dienen, wie die Kinder in schwierigen Situationen einen inneren Ruhestifter für sich selbst entwickeln könnten. Sie können mit ihnen Strategien eines »inneren Ruhestifters« untersuchen, und die Gesprächsergebnisse aushängen.

Sechs Laufstile

Das Spiel bietet eine aufregende Möglichkeit zum Abbau von Energien und Vertreiben von Spannungen.

 Spielmaterial

Eine Trillerpfeife und einen großen Würfel. Sie brauchen sehr viel Platz zum Spielen.

 Spielverlauf

Erklären Sie den Kindern, dass jede Zahl auf dem Würfel einer anderen Handlung entspricht, z. B.:

1 = *Vogeltrippeln*
2 = *Gehen in Zeitlupe*
3 = *normales Gehen*
4 = *langsames Joggen*
5 = *Rennen*
6 = *Sprinten*

Demonstrieren Sie die Handlungen, die der Erklärung bedürfen. Dann wird gewürfelt und eine Zahl ausgerufen. Die Kinder haben Zeit für die Ausführung der Tätigkeit, und zwar so lange, bis Sie abpfeifen. Sobald sie den Pfiff hören, müssen sie stehen bleiben. Dann wird wieder gewürfelt und die nächste Zahl genannt. Die damit verbundene Handlung müssen die Spieler wieder so lange ausführen, bis sie den Pfiff hören. Das Spiel wird auf diese Weise fortgesetzt.

 Bemerkungen

Vor allem beim Rennen und Sprinten müssen sich die Kinder sehr in Acht nehmen, um nicht mit anderen Mitspielern zusammenzustoßen. Aus diesem Grund können Sie auch bestimmen, dass sich alle Spieler in die gleiche Richtung bewegen sollen. Ergänzen Sie in diesem Fall die Zahlen 5 und 6 mit der Anweisung »im Uhrzeigersinn«.

Fließendes Wasser

Mit diesem Spiel lassen sich einige Bewegungsarten erkunden.

 ## Spielmaterial

Keine Materialien notwendig. Sie brauchen sehr viel Platz zum Spielen.

 ## Spielverlauf

Erklären Sie den Kindern, dass sie so tun sollen, als seien sie verschiedene Gewässerarten. Sie müssen sich entsprechend zum genannten Begriff bewegen. Worte und dazugehörige Bewegungen könnten beispielsweise sein:

- ❏ *Wasserfall - laufen*
- ❏ *Fluss - gehen*
- ❏ *Strom - trippeln*
- ❏ *Eis - still stehen*

Üben Sie mit den Kindern, sodass sie sich merken, welche Bewegungen mit den Begriffen verbunden sind. Zu Beginn des Spiels suchen Sie einen Spieler als Wassersammler aus. Er muss versuchen, andere Kinder zu fangen, was nur funktioniert, wenn Sie »Eis« rufen, sodass jeder stehen bleiben muss. Dann darf der Wassersammler jeden Spieler fangen, der sich in bis zu drei Schritten Entfernung von seinem eigenen Stehplatz aufhält. Ein gefangener Spieler scheidet aus. Da sich im Lauf des Spiels die Spielerzahl verkleinert, können Sie mit dem Kommando »Eis« dem Wassersammler helfen, Mitspieler zu fangen, wenn er in ihrer Nähe stehen bleibt. Lassen Sie das Spiel so lange laufen, bis entweder alle Spieler gefangen sind oder die Kinder müde werden.

 ## Bemerkungen

Wenn ein Wassersammler gegen Ende des Spiels wirklich Mühe hat, noch Mitspieler zu erwischen, können Sie ihm auch erlauben, sich unter den ausgeschiedenen Spielern einen oder zwei Hilfswassersammler auszusuchen.

Die goldene Kuppel

Geben Sie der Vorstellungskraft der Kinder visuelle Anreize, die beruhigen.

 Spielmaterial

Keine Materialien notwendig.

 Spielverlauf

Die Kinder sollen sich auf den Boden legen und die Augen schließen. Sie sollen sich entspannt und behaglich fühlen und sich Folgendes vorstellen:

Du schwebst langsam aufwärts zu einem klaren blauen Himmel. Du lässt die Wolken weit hinter dir und steigst weiter hoch, bis du dich im Weltraum befindest. Um dich ist Dunkelheit: Alles ist schwarz. In der Ferne siehst du einen winzigen Lichtpunkt und du bewegst dich langsam darauf zu. Während du näher kommst, weitet sich der Punkt allmählich zu einem Lichtkreis von der Größe einer 1-Cent-Münze, dann einer 2-Cent-Münze. Konzentriere dich innerlich auf das Licht, auf sonst nichts. Das Licht vergrößert sich ständig, bis du erkennst, dass es sich um ein riesiges rundes Loch handelt, aus dem Licht in die Dunkelheit rundherum strömt. Durch den Eingang gleitest du in dieses Loch. Du bist in einem Tunnel voller verschiedener Farben. Der Tunnel führt zu einer gewaltigen Höhle, in deren Mitte ein einfaches weißes Gebäude mit einer schimmernd goldenen Dachkuppel steht. Du betrittst das Gebäude. Es besteht aus einem einzigen Raum mit tiefroten Wänden. In der Mitte des Raums steht ein Bett, das mit weichem roten Samt bezogen ist. Du legst dich auf dieses Bett. Es ist sehr gemütlich und du fühlst dich völlig entspannt. Die tiefrote Wandfarbe bewirkt, dass du dich ruhig und sicher fühlst. Du wirst schläfrig. Still liegst du auf dem Bett mit einem Gefühl des Friedens. Nun möchte ich, dass du langsam in dieses Zimmer zurückkehrst und diesen Frieden und diese Ruhe beibehältst und den ganzen Tag weiter in dir trägst.

 Bemerkungen

Dieses Spiel kann vor einer anspruchsvollen Aufgabe oder nach einer kräftezehrenden Aktivität oder Spielphase durchgeführt werden.

Du schwebst

Bei dieser Traumgeschichte sollen sich die Kinder entspannen.

 Spielmaterial

Keine Materialien notwendig.

 Spielverlauf

Die Kinder sollen sich auf den Boden legen und die Augen schließen. Sie sollen sich entspannt und behaglich fühlen und sich Folgendes vorstellen:

Du befindest dich im Wald. Du streifst durch dichtes Unterholz. Der Boden unter deinen Füßen ist feucht und schlammig. Du musst dich durch das Gesträuch zwängen. Bei jedem Schritt musst du deine Füße aus dem nassen, zähen Schlamm ziehen, sodass du das Gefühl hast, durch Sirup zu waten. Der Rucksack auf deinem Rücken ist sehr schwer und sitzt unbequem. Versuche nachzufühlen, wie anstrengend es ist, deinen Körper vorwärts zu schieben und deine müden Füße zu heben. Dein Rücken tut weh und deine Knochen sind bleischwer. Du fühlst dich erschöpft, so als ob du keinen einzigen Schritt mehr machen könntest. Aber du musst weitergehen. Plötzlich schiebst du dich durch die Büsche auf eine kleine Lichtung, durch die ein klarer Bach fließt. Du gehst in die Hocke und trinkst ein wenig Wasser. Du fühlst, wie das Wasser deine ausgetrocknete Kehle hinabrinnt. Es schmeckt kalt und erfrischend. Dadurch wird dir wieder leichter. Deine Müdigkeit verschwindet. Du beginnst dich schwerelos zu fühlen. Auf einmal stehen deine Füßen nicht mehr auf dem Boden und du schwebst langsam durch die Luft. Du spürst einen kühlen Luftzug im Gesicht. Du treibst aufwärts, höher und höher, bis du zu einer großen, weißen, daunenweichen Wolke kommst. Sanft sinkst du in eine liegende Stellung nieder. Du spürst eine behagliche Weichheit, die dich vollkommen entspannt und erfrischt. Nun möchte ich, dass du ganz sachte wieder in diesen Raum zurückkommst und die friedliche Stimmung beibehältst.

 Bemerkungen

Dieses Entspannungsspiel können Sie nach einer anstrengenden oder aktionsreichen Tätigkeit durchführen.

Weitere Aktivitäten

Leichtes Zuhören

Suchen Sie zum Vorlesen eine entspannende, friedliche Geschichte aus. Die Schüler sollen sich auf den Boden legen und die Augen schließen. Spielen Sie dazu leise im Hintergrund beruhigende Musik ab.

Symbole für Bewegungsarten

Fordern Sie die Schüler auf, Symbole für verschiedene Arten der Bewegung zu entwerfen, zum Beispiel brüske, langsame, träge, lockere, schnelle, ungeschickte, energische oder anmutige Bewegungen. Lassen Sie jedes Symbol auf eine Karte zeichnen und damit verschiedene Bewegungen erkunden. Die Kinder sollen sich so bewegen, wie es dem Symbol auf einer hochgehaltenen Karte entspricht.

Sei friedlich

Die Kinder sollen sich in einer langen Reihe nebeneinander auf den Boden legen, den Kopf zur gleichen Seite gedreht. Dabei schließen sie die Augen. Gehen Sie die Reihe ab, berühren Sie jedes Kind sanft an der Schulter und sagen Sie dabei: »Sei friedlich und ruhig.« Das funktioniert gut nach einer unruhigen Spielphase.

Spiele für die Gruppengemeinschaft

Mit den Spielen in diesem Abschnitt soll die Gemeinschaft, die Sie in der Klasse aufbauen, anerkannt werden. Wenn Sie bei den Kindern ein Zugehörigkeitsgefühl zu dieser Gemeinschaft wecken, können sie Achtung, Rückhalt und Sicherheit in der Gruppe spüren. Dadurch kann auch störendes Verhalten, das seinen Ursprung in Unsicherheit und Ängsten hat, minimiert werden. Die vorangegangenen Tätigkeiten in diesem Buch haben die Bedeutung innerer Stärke und erfolgreicher Zusammenarbeit für den Aufbau einer starken Gruppe betont. Nachfolgende Spiele erlauben den Kindern, von einer positiven Gruppendynamik zu profitieren und sich wechselseitig an der Gesellschaft der anderen zu erfreuen.

Die Gruppe besingt sich selbst

Mit dieser amüsanten Aktivität lässt sich eine positive Einstellung der Gruppe fördern.

 Spielmaterial

Ein Flipchart oder eine Tafel.

 Spielverlauf

Schreiben Sie auf das Flipchart oder die Tafel den folgenden Liedtext:

> *Wir sind gern in der .... (Klasse)*
> *und sind froh, heut hier zu sein.*
> *Wir sind alle nette Kinder*
> *und stimmen in den Ruf mit ein:*
> *Hipp, hipp, hurra!*

Lesen und üben Sie den Text mehrmals mit den Kindern. Blättern Sie dann die Seite um und stellen Sie fest, ob sie ihn schon auswendig können. Sobald die Schüler den Reim beherrschen, können Sie mit ihnen einen Klatschrhythmus dazu einüben.

 Bemerkungen

Die Kinder sollen die Gründe dafür zusammentragen, warum ihre Gruppe fantastisch ist. Aus den gesammelten Begründungen können Sie dann einen Aushang gestalten.

Ein gutes Wort

Dieses Spiel fördert eine positive Bestätigung innerhalb der Gruppe.

 ## Spielmaterial

Ein großer, leichter Ball, der gut springt.

 ## Spielverlauf

Die Kinder stellen sich in einem großen Kreis auf. Geben Sie einem Spieler den Ball, um anzufangen. Er soll sich ein positives Eigenschaftswort ausdenken, das die Gruppe oder ihre Arbeit charakterisiert, zum Beispiel *mitfühlend, unterhaltsam, interessant, hilfsbereit*. Wenn er sein Wort gesagt hat, wirft er den Ball vorsichtig - mit oder ohne Aufprallen - zu einem anderen Spieler und setzt sich hin. Der nächste Spieler sagt das Wort, das er sich ausgesucht hat, wirft den Ball zum übernächsten und setzt sich hin. Das Spiel geht so lange weiter, bis der letzte Spieler den Ball bekommt. Er sagt sein Wort und wirft den Ball dann zu Ihnen.

 ## Bemerkungen

Betonen Sie vor dem Spielbeginn, dass sich die Kinder nicht lauter verschiedene Wörter ausdenken müssen. Wenn sie möchten, können sie ein Wort aufgreifen, das schon von einem anderen Spieler gesagt wurde. Jüngere Schüler können den Ball einander zurollen.

Dreiecksgedichte

Mit diesem Spiel lassen sich die Kinder gut dazu anregen, an positive Aspekte zu denken, die mit ihrer Gruppenzugehörigkeit einhergehen.

 ## Spielmaterial

Papier und Stifte für jeweils ein Gruppenmitglied.

 ## Spielverlauf

Teilen Sie die Kinder in leistungsgemischte Gruppen von bis zu vier Mitgliedern ein.

Geben Sie jeder Gruppe einen Zettel und einen Stift. Jede Gruppe bestimmt einen Schreiber und einen Gruppensprecher. In der Gruppe soll ein Dreiecksgedicht über einen oder mehrere positive Aspekte der Klassengemeinschaft verfasst werden.

Hier ist ein Beispiel dafür:

> Wir
> sind gern
> in unserer Klasse,
> weil alle unsere Mitschüler
> nett, fleißig und hilfsbereit sind.

Geben Sie den Gruppen eine Viertelstunde Zeit dafür. Dann lesen die Gruppensprecher im Kreis die Gedichte vor. Erklären Sie den Schülern, dass bei einer dreieckigen Form des Gedichts eine Zeile auf der anderen aufbaut. So sollte die Klasse sein – einer sollte auf den anderen bauen können.

 ## Bemerkungen

Schneiden Sie Dreiecke aus farbigem Tonpapier aus, auf denen die Kinder die Gedichte aufschreiben, und hängen Sie diese an der Pinnwand aus.

Das Tierrätsel

Dieses aufregende Spiel wird den Kindern Vergnügen bereiten und ihre Zusammenarbeit fördern.

 ## Spielmaterial

Papierstreifen mit Tiernamen.

 ## Spielverlauf

Teilen Sie die Kinder in leistungsgemischte Gruppen mit bis zu vier Mitgliedern ein. Geben Sie jeder Gruppe einen Papierstreifen, den sie den anderen Gruppen nicht zeigen sollen. Lassen Sie den Gruppen einige Minuten Zeit, um flüsternd darüber zu beraten, wie sie ihr Tier beschreiben könnten, ohne seinen Namen zu nennen. Dabei sollen sie mehrere Aussagen über das jeweilige Tier zusammenstellen, sodass jedes Gruppenmitglied etwas darüber zu sagen hat. Die Gruppen sollen auch entscheiden, in welcher Reihenfolge die Informationen gegeben werden – vielleicht die schwierigste zuerst – und wer welche Aussage vorträgt. Schließlich beschreiben alle Gruppen nacheinander ihr Tier und die anderen versuchen, es zu erraten. Lassen Sie keine Rateversuche zu, bevor nicht alle Informationen vorgetragen wurden.

 ## Bemerkungen

Eine Spielvariante ist, dass sich die Gruppe eine Pantomime ausdenkt, die alle zusammen aufführen, um ihr Tier zu charakterisieren.

Spiele für die Gruppengemeinschaft

Zehner-Zählspiel

In diesem schnellen Spiel bleiben die Kinder aufmerksam und bei der Sache.

 ## Spielmaterial

Keine Materialien notwendig.

 ## Spielverlauf

Die Kinder sitzen im Kreis. Sie lassen rundherum der Reihe nach von eins bis zehn zählen. Suchen Sie einen Spieler aus, der mit »eins« anfängt, sein linker Nachbar sagt »zwei« und so weiter. Nach »zehn« wird wieder mit »eins« angefangen. Lassen Sie das einige Male üben, bis es glatt und ohne Unterbrechung klappt.

Führen Sie nun eine neue Regel ein: Die Spieler dürfen nicht »fünf« sagen. Wer mit dieser Zahl an der Reihe ist, bleibt still und der nächste Spieler macht mit »sechs« weiter. Wenn die Kinder das beherrschen, lassen Sie die gleiche Regel auch auf andere Zahlen anwenden. Sie können das Spiel durch kompliziertere Regeln für den Ausschluss von Zahlen erschweren, zum Beispiel alle ungeraden Zahlen oder die Vielfachen von zwei weglassen. Passen Sie die Regeln den Fähigkeiten der Schüler an.

 ## Bemerkungen

Wenn Sie dem Spiel Wettbewerbscharakter verleihen wollen, können Sie bestimmen, dass jeder Spieler, der eine Zahl fälschlicherweise sagt oder zu lange zögert, ausscheidet.

Was habe ich gemacht?

Dieses vergnügliche Ratespiel bringt die Kinder zum Nachdenken und Zusammenarbeiten.

 Spielmaterial

Keine Materialien notwendig.

 Spielverlauf

Teilen Sie die Kinder in zwei gleich große Mannschaften ein. Erklären Sie, dass sich Mitglieder einer Mannschaft nacheinander dafür melden können, von der anderen Mannschaft über aufregende oder amüsante Erlebnisse, die sie in letzter Zeit gemacht haben, ausgefragt zu werden, beispielsweise über einen Zoobesuch, ein Spiel im Park usw. Die Mitglieder der gegnerischen Mannschaft versuchen durch ihre Fragen herauszufinden, um welches Erlebnis es sich handelt. Mögliche Fragen sind:

> ❑ *Hast du einen besonderen Ort besucht?*
> ❑ *War es ein Themenpark? War es eine besondere Feier?*
> ❑ *Hast du dich hingesetzt, um bei etwas zuzuschauen?*

Bevor ein Spieler befragt wird, sollte er Ihnen ins Ohr flüstern, welches Ereignis er gewählt hat. Die Kinder aus dem anderen Team, die Fragen stellen, melden sich und werden aufgerufen. Fragen Sie die gegnerische Mannschaft nach jeder gestellten Frage, ob sie einen Rateversuch machen wollen. Wer raten möchte, meldet sich. Nur ein Rateversuch ist erlaubt, bevor wieder die nächste Frage gestellt wird. Wenn ein Spieler das Ereignis errät, bekommt seine Mannschaft einen Punkt. Nach zwei erfolglosen Rateversuchen hintereinander verliert die Mannschaft einen Punkt. Wenn das Erlebnis des befragten Spielers nach sechs Rateversuchen nicht erraten wird, gibt dieser Spieler die Lösung bekannt.

 Bemerkungen

Geben Sie einem Kind, das behauptet, es habe nichts Interessantes gemacht, hilfreiche Hinweise, z. B. auf eine schulische Veranstaltung.

Der verzauberte Wald

Dieses aktive Spiel macht viel Spaß. Es kann als Einleitung für ein Gespräch über die Notwendigkeit dienen, bei der Interaktion mit anderen achtsam zu sein.

 ## Spielmaterial

Keine Materialien notwendig. Sie brauchen eine große Spielfläche.

 ## Spielverlauf

Wählen Sie zwölf Kinder aus, sechs sind Elfen, sechs sind Kobolde. Die übrigen Mitspieler sind Bäume im verzauberten Wald. Erklären Sie, dass die Kobolde versuchen werden, die im Wald spielenden »Elfen« zu fangen. Die »Bäume« verteilen sich auf der Spielfläche und die Elfen laufen zwischen ihnen herum und versuchen, sich von den »Kobolden« fernzuhalten, die sich ihrerseits bemühen, die »Elfen« zu erwischen. Ein »Elf«, der von einem »Kobold« gefangen wird, muss sich auf eine Seite der Spielfläche begeben. Die »Bäume« dürfen sich frei bewegen und die »Elfen« mit ihrem Körper vor den »Kobolden« schützen. Beenden Sie die Spielrunde entweder nach einigen Minuten oder wenn alle »Elfen« gefangen sind, und lassen Sie die Rollen tauschen.

 ## Bemerkungen

Betonen Sie vor dem Spiel, dass sich die »Bäume« und die »Kobolde« nicht gegenseitig berühren dürfen, damit es kein Ziehen, Festhalten, Schubsen oder Rammen gibt. Dieses Spiel bereitet nicht nur Vergnügen, sondern es dreht sich genauso sehr darum, miteinander achtsam umzugehen.

Kennfarben

In diesem schnellen Bewegungsspiel ist Konzentration gefordert, wenn die ganze Gruppe Freude daran haben soll.

 ## Spielmaterial

Zwei Sätze verschiedenfarbiger Bänder, genügend für zwei Mannschaften.

 ## Spielverlauf

Teilen Sie die Kinder in zwei Mannschaften ein, jeweils eine erhält einen Satz Bänder in der gleichen Farbe. Erklären Sie den Spielern, dass dies ein Fangspiel ist, bei dem Spieler einer Farbe nur Mitspieler der anderen Farbe fangen dürfen. Wenn man rote und blaue Bänder verwendet, bedeutet das, dass ein gefangenes Kind mit einem roten Band Hard in Hand mit seinem Fänger, der ein blaues Band trägt, weiterläuft. Beide versuchen nun, andere Spieler zu fangen: das Kind mit dem blauen Band rotbebänderte, das Kind mit dem roten Band blaubebänderte Kinder. Das Spiel geht auf diese Weise weiter, bis eine Reihe von sechs Spielern zusammengekommen ist. Der sechste macht sich los und fängt an, allein zu fangen. Es gibt nun also zwei Reihen, die auf Fang ausgehen. Jedes Mal, wenn eine Reihe auf sechs Spieler anwächst, spaltet sich der sechste ab und fängt eine neue Reihe an.

 ## Bemerkungen

Betonen Sie, dass die Reihen gefangener Spieler untereinander zusammenarbeiten müssen, um zu wachsen. Gruppen, die nicht kooperieren, können auch mit 30 Sekunden Spielunterbrechung am Spielfeldrand bestraft werden. Sie können das Spiel weiter erschweren, indem Sie drei oder vier verschiedene Farben nehmen, die in einer bestimmten Reihenfolge erscheinen müssen.

Hasenjagd

Dieses Spiel zeigt, dass man mit der Gruppe seinen Spaß haben kann.

 ## Spielmaterial

Keine Materialien notwendig. Viel Platz zum Herumlaufen.

 ## Spielverlauf

Die Kinder stellen sich in einem Kreis auf. Ein ausgewählter Spieler fängt an, im Uhrzeigersinn außen um den Kreis herumzugehen. Die übrigen Spieler singen den folgenden Vers:

> *Drinnen im Wald, zwischen Stock und Stein*
> *spielt (Name des Spielers) ganz für sich allein.*
> *Da springt ein Häschen geschwind herzu:*
> *»Eins, zwei, drei –*
> *so fang mich doch, du!«*

Bei »drei« schlägt der Spieler, der im Kreis herumgeht, das am nächsten bei ihm stehende Kind ab, das nun der Hase ist und schnell im Uhrzeigersinn um die Außenseite des Kreises rennt. Beim letzten Wort des Reims (»du«) fängt der erste Spieler an, hinter dem Hasen herzulaufen und versucht ihn zu erwischen, bevor er seinen ursprünglichen Platz im Kreis wieder einnehmen kann. Wählen Sie dann ein anderes Kind, das die nächste Spielrunde als Fänger beginnt.

 ## Bemerkungen

Schreiben Sie sich auf, wer schon Hase und wer Fänger war, sodass im Lauf mehrerer Wochen jeder einmal die beiden Rollen spielen kann.

Anerkennung für gutes Verhalten

Diese Tätigkeit erkennt die Bemühungen der Kinder, sich gut zu benehmen, an.

 ## Spielmaterial

Ein Flipchart und ein Markierstift.

 ## Spielverlauf

Sammeln Sie mit den Kindern die Gründe, warum es für die gesamte Klasse Vorteile hat, wenn sich jeder Einzelne gut benimmt, etwa: Jeder Schüler kann gut lernen, jeder fühlt sich erfolgreicher und zufriedener, jeder ist gutwilliger gegenüber den anderen oder jeder geht lieber zur Schule. Schreiben Sie alle Beiträge auf und gestalten Sie mit ihnen ein Poster, das ausgehängt wird. Zeigen Sie den Kindern Ihre Anerkennung mit einer Spielzeit, in der ein oder zwei ihrer Lieblingsspiele durchgeführt werden.

 ## Bemerkungen

Machen Sie den Spieltermin im Voraus bekannt, sodass andere Lehrer und Klassen Bescheid wissen und der Klasse zu ihrem guten Benehmen gratulieren können.

Weitere Aktivitäten

Der Baum des guten Benehmens

Gestalten Sie einen großen Aushang mit dem Bild eines nackten Baumstamms. Im Laufe der Zeit können sich die Kinder zunächst Papierblätter und dann Papierfrüchte für gutes Benehmen verdienen und sie auf dem Baumstamm ankleben. Wenn Sie feststellen, dass der Baum voll aussieht, können Sie die Kinder mit einer speziellen Spielstunde belohnen.

Anreiz für gutes Benehmen

Wählen Sie für jedes Schulhalbjahr einen anderen motivierenden Aushang aus: Etwas Neues gibt auch neue Anstöße. Einige Ideen hierfür sind: Ein Blumengarten – die Kinder können sich die Mitte, die Blütenblätter, die Stängel und die Blätter verdienen; oder eine Person – sie verdienen sich Körperteile, bis die Gestalt komplett ist. Suchen Sie jedes Mal als Anerkennung für ein vollständiges Bild eine andere Belohnung aus: zum Beispiel eine Diskoveranstaltung, eine Stunde mit Schwungtuchspielen oder ein Picknick.

Pinnwandaushänge

Gestalten Sie die Aushänge zur Anerkennung guten Benehmens möglichst auffallend und wechseln Sie jedes Schuljahr ihre Zusammenstellung, um ihre Attraktivität zu erhalten.

Kopiervorlagen

Viele Vorlagen sind immer wieder verwendbar.
Idealerweise sollten sie auf dünnen Karton kopiert oder laminiert werden.

Das Gesicht passt dazu

Wie würdest du dich fühlen?

Du wickelst gerade dein Geburtstagsgeschenk aus.

Deine Mitschüler lachen dich wegen deiner neuen Hose aus.

Dein Lehrer hat dir einen Sticker gegeben, auf dem
»Gut gemacht!« steht.

Du bist hingefallen und hast dir das Knie aufgeschlagen.

Du hast gerade die Lieblingsvase deiner Mutter zerbrochen.

Morgen darfst du einen Tag in Disneyland verbringen.

Dein Freund hat einem anderen etwas Gemeines über dich erzählt.

Der Lehrer hat mit dir geschimpft, obwohl du etwas nicht
getan hast.

Du liegst in deinem Bett und hörst merkwürdige Geräusche vor
deiner Tür.

Morgen schreibst du einen wichtigen Mathetest.

Dein Hamster ist gestorben.

Dein Freund hat ein neues Fahrrad bekommen – du wünschst dir
schon ganz lange eins.

Es ist dein erster Tag an einer neuen Schule und du kennst
überhaupt niemanden dort.

Du kommst gerade von einem wunderschönen Besuch bei deiner
Tante zurück.

Heute Abend gibt es deine Lieblingsspeise.

Mosley/Sonnet: 101 Spiele für ein positives Lernklima © Persen Verlag GmbH, Buxtehude

Eigentlich ist das nicht lustig

Mosley/Sonnet: 101 Spiele für ein positives Lernklima © Persen Verlag GmbH, Buxtehude

Über Gefühle nachdenken

Was könntest du da tun?

Mosley/Sonnet: 101 Spiele für ein positives Lernklima © Persen Verlag GmbH, Buxtehude

Emoti-vieren

zornig   gelangweilt   aufgeregt   überrascht

besorgt   froh   eifersüchtig   ängstlich   traurig

So bin ich

Ich heiße ....

Ich bin ein .... (Mädchen/Junge)

Ich bin .... Jahre alt.

Ich habe .... Haare.

Ich esse gern ....

Ich wünsche mir, ich könnte ....

Was ich gut kann: ....

An diesem Ort wäre ich gern: ....

Das allerschönste Geschenk für mich wäre ....

....

Das gefällt mir zu Hause: ....

Mein Lieblingsfach ist..

Diesen Beruf hätte ich gern, wenn ich erwachsen bin:

....

Mosley/Sonnet: 101 Spiele für ein positives Lernklima © Persen Verlag GmbH, Buxtehude

Drei Völker

Vor langer Zeit gab es einmal drei Völker: Das erste Volk nannte sich Buja und lebte im Norden; das zweite, es hieß Larmi, lebte im Süden und das dritte namens Wigell lebte in der Mitte. Die Bujas und die Larmis kämpften dauernd miteinander. Für die Wigells war das auch kein Spaß, weil entweder die Bujas durch ihr Land nach Süden marschierten oder die Larmis durch ihr Land nach Norden zogen. Die Wigells beschlossen, einen Plan zu entwickeln, wie sie die ständigen Kriege stoppen könnten: Sie schrieben also den Bujas, sie würden auf der Seite der Larmis gegen sie kämpfen, wenn sie noch einmal durch ihr Land marschierten. Das versetzte die Bujas in Angst und Schrecken, denn sie wussten, dass sie einen Kampf gegen die Larmis und Wigells zusammen verlieren würden. Die Wigells schrieben auch den Larmis so einen Brief und die Larmis erkannten, dass sie den Bujas und Wigells zusammen unterlegen wären. Eine Zeit lang blieben die beiden kriegerischen Völker in ihren Gebieten und es herrschte überall Frieden. Als sich die drei Völker nach und nach immer häufiger friedlich begegneten, fanden sie wirklich heraus, dass sie mehr gemeinsam hatten als gedacht, und wurden Freunde.

Gemeinsamkeiten suchen

Diese Blume ist sehr hübsch	mit ihren roten Blütenblättern.
Ich mag gern Ketchup	zu Fischstäbchen und Pommes frites.
Dieses Rennpferd ist wirklich schnell	und gewinnt bestimmt das Rennen.
Kaiser Karl der Große	lebte vor zwölfhundert Jahren.
Besonders gut schmeckt Apfelstrudel	mit Vanilleeis.
Das Sams ist ein lustiger Film	über ein roothaariges freches Wesen.
Wenn du deine Zähne regelmäßig putzt,	brauchst du vielleicht nie eine Zahnfüllung.
Wenn ein Vulkan ausbricht,	kann er glühend rote Lava herausschleudern.
Regenwürmer im Garten sind nützlich,	weil sie die Erde auflockern.
Adler sind Raubvögel	und fangen ihre Beute mit ihren scharfen Klauen.
Der Bär ist heute brummig,	weil er Kopfweh hat.
Heute Nacht leuchten die Sterne hell	und ich kann den Hundsstern sehen.
Der Schnee ist tief und fest,	sodass wir sicher Ski fahren können.
In dieser Meeresbucht	schwimmt ein riesiger Hai herum.
Die Mauer in Berlin	trennte früher die Stadt in Ost und West.

Mosley/Sonnet: 101 Spiele für ein positives Lernklima © Persen Verlag GmbH, Buxtehude

Wutwerteskala

Kreise eine der Zahlen von eins bis fünf ein, um zu zeigen,
wie wütend du in diesen Situationen wärst.

Dein Fernsehgerät ist kaputtgegangen.	1 2 3 4 5
Dein Freund ist mit jemand anderem weggegangen.	1 2 3 4 5
Der Lehrer schimpft dich ganz ohne Grund aus.	1 2 3 4 5
Deine Mama schickt dich früh ins Bett.	1 2 3 4 5
Du vermasselst eine Aufgabe für die Schule.	1 2 3 4 5
Jemand drängelt vor dir in der Warteschlange.	1 2 3 4 5
Du hast einen Vertretungslehrer, den du nicht leiden kannst.	1 2 3 4 5
Du verlierst eine Hausaufgabe, für die du Stunden gebraucht hast.	1 2 3 4 5
Deine Freunde machen sich über deine neuen Klamotten lustig.	1 2 3 4 5
Jemand gibt dir einen Schimpfnamen.	1 2 3 4 5
Einige Kinder wollen dich bei einem neuen Spiel nicht mitmachen lassen.	1 2 3 4 5
Dein Papa zwingt dich, dein Zimmer aufzuräumen.	1 2 3 4 5
Du hast versehentlich ein neues Spielzeug zerbrochen.	1 2 3 4 5
Deine Mama erlaubt nicht, dass du für einen Film länger aufbleibst.	1 2 3 4 5
Deine Schwester oder dein Bruder leiht sich etwas von dir aus, ohne zu fragen.	1 2 3 4 5
Jemand hat ein Modell, das dir gehört, beschädigt.	1 2 3 4 5
Jemand hat dir dein Pausenbrot geklaut.	1 2 3 4 5
Ein Mitschüler hat dich schikaniert.	1 2 3 4 5

Was würdest du tun?

Zwei Freunde von dir streiten.

Du siehst, wie auf dem Pausenhof ein größerer Schüler einen kleineren schubst.

Du steckst ein kleines neues Spielzeug unter deine Schulbank. Als du wieder nachsiehst, bemerkst du, dass es zerbrochen ist und du weißt, dass jemand es in die Hand genommen haben muss.

Du siehst, wie jemand aus deiner Klasse einem Mitschüler das Pausenbrot aus der Schultasche klaut.

Du wirst Zeuge, wie mehrere Leute im Schulhof Graffiti an die Wand zeichnen.

Du siehst Leute auf dem Schulgelände, nachdem alles abgeschlossen wurde.

Einer deiner Freunde bittet dich, mit einem anderen Freund nicht mehr zu reden, weil sich die beiden gestritten haben.

Deine Freunde geben einem anderen Kind einen Schimpfnamen.

Du weißt, dass zwei Schüler in der Pause miteinander kämpfen wollen.

Mosley/Sonnet: 101 Spiele für ein positives Lernklima © Persen Verlag GmbH, Buxtehude

Das Meer ist mein Los

»Das **Meer** ist mein **Los**!« grölte der Seemann und bestellte noch **mehr** Fisch mit Kartoffeln. Aber der Wirt schüttelte den Kopf und sagte: »Du hast jetzt genug. **Los**, geh nach Hause, du hast doch kein Geld **mehr**.« »Aber nicht, bevor ich mein **Los** von dir kriege, sonst wirst du mich nicht **los**!« - »Was, du willst noch **mehr** Geld für diesen Blödsinn ausgeben?«, lachte der Wirt **los**. »Weißt du denn nicht, dass ein armer Schiffer auf dem **Meer mehr** Kummer hat als ein armer Fischer auf dem Land?«

Der Seemann stülpte eigensinnig die Unterlippe vor, rutschte vom Hocker und marschierte **los**. »Mir egal«, brummte er, »mein Freund am Kiosk gibt mir auch ohne Bezahlung ein **Los**, und bei dem hab ich noch **mehr** Schulden als bei dir. Aber ich hab ihm versprochen, wenn ich **mehr** als nur einen Hut voll Geld gewinne, kauf ich ihm ein Haus am **Meer**.« »Dass du einen Sack voll Geld gewinnst, das ist so wahrscheinlich, wie dass dir ein gebratener Fisch auf den Kopf fällt«, schmunzelte der Wirt und band sich die Schürze **los**.

Im selben Augenblick schwingt die Küchentür auf, heiseres Gebrüll ertönt, der Kellner flüchtet in den Gastraum und hinter ihm pfeift ein Teller durch die Luft wie ein kleines UFO. Mit lautem Geklirr kracht er gegen die Wand und zersplittert. Gleichzeitig saust ein braunes Etwas auf den Schiffer zu und landet auf seinem Kopf. Dieses Etwas riecht nach Fisch . . .
Der Wirt lässt seinen Gast mit dem Blick nicht **los**, greift in eine Schublade im Tresen und reicht ihm ein **Los**. »Du hast **mehr** Glück als Verstand«, murmelt er und blickt nachdenklich in Richtung **Meer**.

Mosley/Sonnet: 101 Spiele für ein positives Lernklima © Persen Verlag GmbH, Buxtehude

Die Maus, der Baum und der Wind

Vor langer Zeit stand einmal ein großer **Baum** auf einer saftigen Wiese. In einem Loch im **Baum** lebte eine kleine **Maus**. Wenn der **Wind** blies, neigte sich der **Baum** nach beiden Seiten, und die **Maus** hatte Angst, der **Baum** könnte umgeblasen werden. Eines Nachts erwachte die **Maus**, als sich der **Baum** plötzlich bewegte. »Oh je«, dachte sie, »der **Baum** schwankt heute stark. Ich hoffe, der **Wind** reißt ihn nicht um.« Die **Maus** schlüpfte aus ihrem Loch, um zu sehen, was vorging. Der **Wind** heulte und der **Baum** neigte sich einmal auf die eine, dann wieder auf die andere Seite. »Mein armer **Baum**!«, dachte die Maus, »Der **Wind** weht bestimmt meinen schönen **Baum** um. Was soll ich nur tun?« Der **Wind** heulte und der **Baum** erzitterte. Der **Wind** brauste und der **Baum** erbebte. Die **Maus** verdeckte ihre Augen mit den Pfoten. Sie war viel zu verängstigt, um mitanzusehen, was der **Wind** mit ihrem **Baum** machte. Auf einmal hörte der **Wind** auf und der **Baum** bewegte sich nicht mehr. Die **Maus** stieß einen Seufzer der Erleichterung aus, dass ihr **Baum** noch aufrecht stand. »Ich bin so froh, dass der **Wind** aufgehört hat und mein **Baum** noch da ist«, dachte die **Maus**, lief zurück in ihr Loch im **Baum** und hoffte, nun ruhig schlafen zu können.

Mosley/Sonnet: 101 Spiele für ein positives Lernklima © Persen Verlag GmbH, Buxtehude

Ein positives Lern- und Sozialklima schaffen!

Jenny Mosley, Helen Sonnet

101 Spiele zur Förderung von Sozialkompetenz und Lernverhalten in der Grundschule

Lernziele – Spielverläufe – Kopiervorlagen

Mit diesen Spielen lernen Ihre Schüler/-innen, wie man beobachtet, zuhört, sich artikuliert, Regeln einhält und in Teams zusammenarbeitet. Neben Aktivitäten zum logischen Denken stehen auch Übungen zur Förderung der Konzentrationsfähigkeit im Mittelpunkt.
Für ein besseres Lernverhalten!

Buch, 144 Seiten, DIN A4
1. bis 4. Schuljahr
Best.-Nr. 3681

Jenny Mosley, Helen Sonnet

101 Spiele zur Stärkung des Selbstwertgefühls

Ein Praxisbuch für die Grundschule

Mit über 100 innovativen Spielen lernen die Schüler/-innen, eigene Stärken zu erkennen, mit anderen zusammenzuarbeiten und sich in ein größeres Team einzubringen. Alle Spiele sind spontan und ohne Vorbereitungsaufwand einsetzbar.
Spielend zu mehr Selbstbewusstsein!

Buch, 144 Seiten, DIN A4
1. bis 4. Schuljahr
Best.-Nr. 3681

Petra Proßowski

Bewegung und Stille im Klassenzimmer

Mit Geschichten, Liedern und Spielen zu mehr Konzentration und besserer Körperwahrnehmung

Dieser Fundus an Bewegungsformen, Bewegungsliedern, -spielen, -geschichten, Entspannungsübungen und Traumgeschichten macht es Lehrern leicht, Defizite in den Bereichen Konzentrationsfähigkeit, Koordination und Körperwahrnehmung aufzufangen. Die Übungen können sowohl im Klassenzimmer als auch in der Turnhalle eingesetzt werden.
So schaffen Sie eine positive Lernatmosphäre und fördern motorische Fähigkeiten!

Buch, 108 Seiten, DIN A4
1. bis 4. Schuljahr
Best.-Nr. 3788

Unser Bestellservice:

Das komplette Verlagsprogramm finden Sie in unserem Online-Shop unter

www.persen.de

Bei Fragen hilft Ihnen unser Kundenservice gerne weiter.

Deutschland: ☏ 0 41 61/7 49 60-40   ·   Schweiz: ☏ 052/375 19 84   ·   Österreich: ☏ 0 72 30/2 00 11